생성형 AI와 1인 가구

AI총서

인공지능 시대입니다. 기계가 인간의 인지를 대신하고, 사물이 인간을 통하지 않고 다른 사물과 직접 커뮤니케이션합니다. 이에 따른 인간 삶과 문명 변화를 정확히 이해·예측·대응하는 것은 이 시대 우리 모두의 과제입니다. AI총서는 인공지능 기술과 환경의 여러 주제를 10가지 키워드로 정리합니다. 관련 개념과 이론, 학계와 산업계의 쟁점, 우리 일상의 변화를 다룹니다. 인간과 기술의 현재, 미래를 세심히 분석합니다.

일러두기

- 인명, 작품명, 저서명, 개념어 등은 한글과 함께 괄호 안에 해당 국가의 원어를 병기했습니다.
- 외래어 표기는 현행 어문규정의 외래어표기법을 따랐습니다.

처음이세요?

전문가세요?

생성형 AI와 1인 가구

서정렬

대한민국, 서울, 커뮤니케이션북스, 2025

생성형 AI와 1인 가구

지은이 서정렬
펴낸이 박영률

초판 1쇄 펴낸날 2025년 12월 10일

커뮤니케이션북스(주)
출판 등록 2007년 8월 17일 제313-2007-000166호
02880 서울시 성북구 성북로 5-11
전화(02) 7474 001, 팩스(02) 736 5047
commbooks@commbooks.com
www.commbooks.com

ISBN 979-11-430-1571-6 03500

책값은 뒤표지에 표시되어 있습니다.

차례

인공지능이 바꾸는 '혼자 사는 삶'의 미래

21세기 한국 사회는 전례 없는 속도로 가족 구조가 변화하고 있다. 그 중심에는 '1인 가구'라는 새로운 형태의 삶이 자리 잡고 있다. 통계청 자료에 따르면 2024년 기준 전체 가구의 약 36.1%가 1인 가구이며, 1인 가구수는 804만 4948가구에 이른다. 이것은 숫자로서의 단순한 수치 이상의 사회 변동을 의미한다. 1인 가구는 더 이상 비정상적이거나 과도기적인 존재가 아니라, 독립적 삶의 한 방식으로 확고히 자리 잡고 있다고 할 수 있다.

'가구의 변화', '삶의 변화'로서의 1인 가구 증가는 고령화, 비혼 · 비출산 트렌드, 도시화, 고용 불안정 등의 구조적 원인과 맞물려 있으며, 이는 동시에 사회적 고립, 생활 리스크, 심리적 외로움, 의료 · 돌봄 사각지대 등 여러 문제를 동반한다. 특히 청년층과 고령층에서 이러한 현상은 뚜렷하게 나타난다. 청년층은 고립과 불안, 고령층은 건강 및 돌봄 문제로 이어지고 있다. 이러한 변화 속에서 새로운 기술적 대안으로 부상하는 것이 단순한 인공지능(artificial intelligence, AI)이 아닌 생성형 기반의 인공지능(Generative AI)이다.

AI가 바꾸는 '혼삶'의 의미와 도구

'아보하'는 2025년 트렌드 코리아가 선정한 올해의 트렌드 가운데 하나다. '아주 보통의 하루'를 의미한다. 그만큼 '아주 보통의 하루'를 보내기도 어렵다는 반증일 듯싶다. 1인 가구로 느끼는 '아보하'는 어떤 느낌일까? 다른 모든 가구와 동일하겠다고 할 수도 있지만, 온전히 보낸 하루의 느낌을 나눌 가족들이 함께 같이 있는 경우와 그렇지 않고 혼자 느끼게 되는 하루는 사뭇 다를 것으로 짐작된다.

생성형 AI는 이제 단순한 '검색 보조 도구'나 '글쓰기 도구'를 넘어, 일상 전반에 영향을 미치는 '삶의 동반자'로 진화하고 있다. 특히 1인 가구에게 생성형 AI는 정서적 위안, 생활 편의, 돌봄, 일자리 대체 · 보완, 사회적 연결 등의 측면에서 중요한 역할을 하고 있다. 생성형 AI가 변화시키는 1인 가구의 일상을 살펴보면 다음과 같다.

첫째, 혼밥, 혼술, 혼자 있음의 동반자로서의 '감성형 AI의 등장'이다. 1인 가구의 대표적 문화인 '혼밥', '혼술', '혼행'은 자율적인 선택이기도 하지만, 필연적인 고립의 산물이기도 하다. 특히 고립된 환경에서 인간은 정서적 소통을 갈망하며, 이러한 수요는 AI 기술이 빠르게 대체하고 있다. 최근 AI는 단순한 대화형 챗봇을 넘어 감성 분석과 정서적 공감을 제공하는 '감성형 AI'로 진화하고 있다. 사용자의 톤과 대화 맥락을 이해하고, 위로와 공감을 제공하며, 일상적인 대화 속에서 '친구 같은 존재'로 기능한다. 일본의 AI 연인 '루카', 한국의 감성 챗봇 '하이루미', '이루다' 등이 대표적이다. 이들은 실제 사용자들과 정서적 유대를 형성하며, 외로움을 해소하는 도구로 자리 잡고 있다. 이러한 감성형 AI는 특히 고령자나 은둔형 청년에게 심리적 안정감을 제공하며, 때로는 자살 예방이나 정신건강 관리의 역할까지 수행한다. 미국의 AI 기반 정신건강 앱 'Woebot(워봇)'은 임상적으로 우울증 완화에 효과가 있는 것으로 평가되었으며, 국내에서도 AI 정신건강 진단 서비스들이 점차 확대되고 있다.

둘째, 스마트 홈과 AI가 결합된 '집을 돌보는 AI'의 출현이다. 혼자 사는 집은 편리한 동시에 불안할 수 있다. 이때 AI와 IoT(사물인터넷)의 결합은 집을 더욱 지능적인 공간으로 만든다. AI는 조명, 냉난방, 방범, 가전제품 제어 등 물리적 기능뿐 아니라, 사용자 습관을 학습하여 일상의 루틴을 조율하는 기능까지 수행한다. 예컨대, AI

는 사용자가 평일 오후 7시에 귀가한다는 패턴을 인식해 자동으로 조명을 켜고 난방을 조절하며, 스마트 스피커를 통해 좋아하는 음악을 재생할 수 있다. 또한 AI 카메라와 연동된 보안 시스템은 외부 침입이나 이상 징후를 감지해 즉각 경고를 보낸다. 고령 1인 가구의 경우, 낙상 감지 센서나 건강 모니터링 기기와 연결된 생성형 AI는 위급 상황에서 응급 대응 기관이나 가족에게 자동으로 연락해 생명을 구할 수도 있다. 이러한 기술은 '돌봄 없는 삶의 불안'을 완화하고, 실질적인 삶의 안전망을 구성하는 핵심 수단이 되고 있다.

셋째, AI와 함께하는 경제 활동과 자기 계발이다. 1인 가구의 중요한 과제 중 하나는 경제적 자립이다. 정규직 이외의 직업 안정성이 낮은 상황에서, 생성형 AI는 프리랜서, 1인 창업자, 디지털 노마드에게 유의미한 기회를 제공한다. AI는 콘텐츠 제작(글, 이미지, 동영상), 코딩, 통계 분석, 마케팅, 기획 업무를 지원하며, 자본과 인력이 부족한 1인 사업자가 복잡한 업무를 혼자서도 수행할 수 있도록 돕는다. 예를 들어, 개인 유튜버가 AI를 활용해 섬네일 디자인, 자막 생성, 콘텐츠 아이디어 발굴까지 자동화하는 사례는 흔하다. 또한 자기 계발 측면에서도 생성형 AI는 강력한 파트너다. AI 튜터를 통해 외국어를 배우고, AI 코칭으로 운동 루틴을 짜며, 금융 분석 도구로 투자 전략을 수립할 수 있다. 이처럼 AI는 '혼자 있지만 혼자가 아닌 삶'을 실현하는 도구로 진화 중이다.

AI 기술의 비약적 발전에도 불구하고 발전된 기술은 좋은 쪽과 나쁜 쪽을 갖고 있다고 할 수 있고 이것은 향후 인공지능 사회를 위한 중요한 전제로 검토될 필요가 있다. 그렇다면 어떤 것들이 검토될 필요가 있는 화두들일까? AI는 삶을 편리하게 만들지만, 동시에 새로운 문제도 야기한다. 특히 정서적 의존 문제는 심각할 수 있다. 인간처럼 말하고 반응하는 AI에게 지나치게 감정을 이입하면 현실 왜곡, 관계 회피, 심리적 퇴행 등의 현상이 나타날 수 있다. 또한 AI는 사용자 데이터를 기반으로 작동하기 때문에, 프라이버시 침해와 정보 유출의 위험이 항상 존재한다. AI가 수집한 대화 기록, 건강 정보, 소비 패턴 등은 유출될 경우 심각한 사회적 파장을 일으킬 수 있다.

따라서 생성형 AI가 1인 가구의 삶을 진정으로 풍요롭게 만들기 위해서는 기술의 발전뿐 아니라 사회적 제도, 윤리, 교육이 병행되어야 한다. 구체적으로 다음과 같은 조건이 필요하다. 첫째, AI 리터러시 교육의 필요성이다. 사용자들이 AI를 제대로 이해하고, 판단하며, 적절히 활용할 수 있는 능력을 길러야 한다. 둘째, 투명한 알고리즘 공개가 요구된다. AI의 의사 결정 과정이 설명 가능하고, 비윤리적 학습이 차단되어야 한다. 셋째, 개인정보 보호 강화가 요구된다. AI 기업의 데이터 수집과 사용에 대한 엄격한 법적 규제가 필요하다.

넷째, 디지털 복지 정책 확대가 필요하다. 기술 접근성이 떨어지는 고령자나 저소득층 1인 가구에게도 AI 혜택이 고르게 분배되어야 한다.

궁극적으로 중요한 것은 기술 그 자체보다 그것을 어떻게 인간 삶에 조화롭게 통합시킬 것인가에 있다. 생성형 AI는 인간을 대체하는 존재가 아니라, 사람의 약점을 보완하고 가능성을 확장하는 존재로 자리매김해야 한다. 혼자 사는 삶은 때로 외롭고, 위험하며, 버거울 수 있다. 그러나 기술은 그 고립을 연결로, 불안을 안전으로, 단절을 공감으로 바꿀 수 있다. 생성형 AI는 선택받은 일부만의 기술이 아니라, 모든 혼자 사는 사람들의 일상을 지지하는 공공적 기반이 되어야 한다.

1인 가구가 사회의 중심 형태가 되어가는 지금, 생성형 AI는 더 이상 선택의 문제가 아니다. AI는 외로움을 이해하고, 집을 돌보며, 일자리를 창출하고, 소비를 최적화하는 전방위적 파트너로 작동하고 있다. 물론 기술은 만능이 아니며, 언제나 윤리와 통제가 병행되어야 한다. 하지만 우리는 지금, 혼자 사는 시대와 AI와 함께 사는 시대가 교차하는 지점에 서 있다. 그리고 이 만남은 보다 따뜻하고 인간적인 미래를 가능하게 할 것이다. 혼자 살아도, 함께 살아가는 사회. 그것이 우리가 만들어 가야 할 생성형 AI 시대의 비전이어야 한다.

1인 가구와 '먹친구', '고독한 미식가' 시대

1인 가구의 식사는 대부분 '혼밥'인 '혼자만의 식사'가 일반적이다. 식사라는 일상적 행위는 '관계적 실천(practice of relation)'이라는 점에서 큰 의미를 지닌다. 전통적으로 식사는 가족 · 친구 · 동료와 함께하는 공동체적 행위였지만, 1인 가구의 증가는 이 관계망을 약화시키며 '혼밥'이라는 새로운 문화적 장면을 만들어 냈다. 그러나 인간은 사회적 동물로서 여전히 식사에 관계적 의미를 부여하려 한다. 바로 이 지점에서 유튜브의 '먹방(Mukbang)'과 '먹친구' 콘텐츠가 등장한다. 혼자 밥을 먹더라도 화면 속 인플루언서와 함께 식탁을 공유하는 듯한 경험을 통해, 고독한 식사는 '사회적 상상'을 동반한 새로운 문화적 실천으로 변모한다.

사회학자 지그문트 바우만(Z. Bauman)은 현대 사회를 '액체 근대'라고 규정하며, 관계의 불안정성을 지적했다. 1인 가구가 늘어나면서 전통적인 식사 공동체는 약화되었지만, 인간의 관계 욕구 자체가 사라진 것은 아니다. 따라서 '먹친구' 시청은 고독을 관리하는 전략으로 이해할 수 있다. 특히 직장인이나 학생 1인 가구는 사회적 네트워킹에 피로를 느끼면서도, 동시에 고립을 두려워한다. 이 모순적 상황에서 유튜브 먹방은 감정 노동이 필요 없는 관계 즉, 일방적이지만 편안한 관계를 제공한다. 이는 고독한 식사를 해소하면서도 '진짜 사람 관계'의 갈등과 피로는 회피할 수 있게 한다. 또 다른 사회학자 메리 더글러스(Mary Douglas)는 식사를 '의례'로 봤다. 혼밥은 본래 의례의 붕괴를 의미할 수 있지만, 먹친구 시청은 다시금 의례를 복원한다. 식사 전에 유튜브 영상을 틀고, 함께 숟가락을 드는 순간이 하나의 상징적 공동체 의례가 되는 것이다. 또한 어떤 '먹친구'를 선택하느냐는 개인의 문화적 취향과 계급성을 반영한다. 예컨대, 건강식을 강조하는 채식 먹방을 즐겨 보는 이는 웰빙과 자기 관리의 이미지를 소비하며, 대식가 먹방을 시청하는 이는 일탈적 쾌락을 대리 경험한다. 결국 '먹친구' 시청은 단순한 오락이 아니라 자신의 정체성을 표현하는 상징적 소비 행위인 셈이다. 또 다른 사회학자인 존

톰슨(John B. Thompson)은 대중 매체를 통한 '매개된 친밀성(mediated intimacy)' 개념을 제시한다. 유튜브 '먹친구' 시청은 바로 이 매개된 친밀성의 전형이라는 지적이다. 시청자는 화면 속 인플루언서가 자신과 함께 밥을 먹어 주는 것처럼 느끼며, 이는 실제로는 존재하지 않는 관계를 실재처럼 경험하게 한다. 1인 가구에게 '먹친구'는 단순한 미디어 콘텐츠가 아니라 일상의 감정적 공백을 메우는 새로운 형태의 사회적 관계로 작동한다는 것이다.

'먹친구' 문화의 사회적 함의는 다양한 의미를 담는다. 첫째는 '관계의 대체 가능성'이다. 오프라인 관계가 줄어드는 대신, 미디어를 통한 간접적 관계가 확산된다. 이는 고립을 완화하면서도 실제 인간관계의 필요성을 점차 약화시킬 수 있다. 둘째는 '디지털 친밀성의 제도화'다. 앞으로 1인 가구 시장을 겨냥한 'AI 먹친구'나 '가상 식사 동행 서비스'가 상용화될 가능성이 크다. 실제로 일본이나 한국 일부 스타트업은 AR(증강현실) 캐릭터와 함께 식사하는 서비스를 실험 중에 있다. 셋째는 '문화적 불평등의 재생산'이다. 누가 어떤 먹친구를 소비하느냐는 결국 경제력과 문화 자본에 의해 구분될 수 있다. 유기농 채식 먹방, 해외 고급 레스토랑 먹방을 소비하는 층과 저렴한 길거리 음식 먹방에 익숙한 층 사이에는 새로운 문화적 위계가 형성된다.

유튜브 먹방은 단순한 유행이 아니라 1인 가구 증가와 맞물린 식사 문화의 구조적 변화다. 혼밥은 이제 더 이상 '고독한 행위'가 아니라 '디지털 동반자와 함께하는 관계적 실천'으로 자리 잡고 있다. 바로 '고독한 미식가의 시대'로의 이행인 셈이다. 문화 사회학적으로 볼 때, '먹친구' 시청은 인간의 관계 욕구가 디지털 미디어 속에서 어떻게 전환되고 있는지를 잘 보여 준다. 앞으로 '먹친구'는 더욱 진화하여 인공지능 캐릭터 · 버추얼 인플루언서와 함께 하는 '하이퍼 리얼리티'적 식사 문화로 확장될 가능성이 높다. 결국 우리는 다음과 같은 질문 앞에 서게 된다. "먹친구가 진짜 친구를 대체할 수 있는가?" 이 질문은 1인 가구 시대의 고독과 공동체, 그리고 디지털 친밀성의 미래를 가늠하는 핵심적 화두가 될 것이다. 또한 우리가 가는 방향이 제대로 맞는 방향인지에 대한 논의도 필요한 시대다.

이 책의 구성

이 책은 1인 가구의 사회적 증가와 4차 산업혁명을 선도하고 있는 AI 관련 기술의 발전이 바꾸고 있는 혼삶으로서의 '혼자 사는 삶'의 미래와 관련된 개별 이슈(issue)와 관련 인사이트(insight)에 대해 다룬다.

1인 가구와 생성형 AI와의 관련성에 대한 논의는 관련 전문가들뿐만 아니라 일반 1인 가구 입장에서도 관심 있어 할 내용들이 많을 수 있다는 점에서 관련 주제들을 추리고자 하였다. 뿐만 아니라 1인 가구가 아닌 일반인들도 궁금해 할 수 있는 내용의 주제들을 선정해 쉽게 이해할 수 있도록 서술하고자 했다. 그리고 〈AI총서〉의 편집 의도가 AI 시대, AI의 활용성, 실용성에 대한 실증적 책자로 기획된다는 점에서 개별적인 10개의 주제를 작성함에 있어 실제 ChatGPT-4o mini를 활용해 본문 일부를 작성 후 내용을 추가 · 보완하였다.

책 전체의 구성은 총서의 작성 기준에 맞춰 총 10개의 장으로 구성했다. 첫 1장에서는 AI와 1인 가구에 대한 시대적 흐름을 개괄하였으며, 마지막 10장에서는 AI의 미래와 미래의 1인 가구의 방향성에 대해 언급했다. 구체적인 장별 구성은 다음과 같다.

1장에서는 현재 우리나라의 1인 가구의 증가 추세와 실태를 살펴본다. 더불어 생성형 AI가 어떻게 1인 가구 증가 추세와 맞물려 시대적 흐름을 만들어 가는지에 대해 개괄한다. 이를 통해 이어지는 2장에서부터 10장까지의 주제와 관련 이슈 등이 어떻게 연관되는지를 전체적으로 파악할 수 있도록 가이던스(guidance)한다.

2장에서는 AI 관련 기술 발전으로 제시되고 있는 비서(agent)와 4차 산업혁명으로 구현되고 있는 '스마트 홈'이 만드는 '편리한 일상'으로서의 거주에 대해 살펴본다.

3장에서는 1인 가구에게 가장 큰 어려움이라고 할 수 있는 '외로움'을 극복할 수 있는 감성 인공지능의 역할에 대해 설명한다.

4장에서는 혼자 거주하며 생활하는 1인 가구의 건강과 웰빙을 위한 AI 헬스케어의 개념과 역할에 대해 설명하고 AI 헬스케어 관련 어플리케이션 소개와 사례 등을 보충 부연 설명한다.

5장에서는 1인 가구의 풍요로운 생존을 위해 요구되는 세끼로서의 '한 끼' 식사와 관련된 식생활 혁신에 AI가 어떻게, 어떤 도움을 줄 수 있는지에 대해 살펴본다. 당연히 스마트해지고 있는 가전제품 소개에서부터 혼밥, 홈밥을 위한 다양한 방법 등도 알아본다.

6장에서는 1인 가구의 생존과 직결된다고 할 수 있는 '경제적 자립'을 위한 AI 관련 금융 서비스에 대해 살펴본다. 전통적인 금융 서비스가 아닌 1인 가구의 소비 패턴과 소득 구조, 생활 패턴에 맞는 금융 관련 솔루션을

AI를 통해 어떻게 서비스 받을 수 있는지, 어떻게 관련 서비스를 이용해야 하는지에 대해 알아본다.

7장에서는 AI의 도입으로 인해 기존 일자리가 없어진다는 부정적인 언급들이 많은데 어떤 일자리가 없어지고, 어떤 일자리들이 각광받을 지에 대해 살펴본다. 이를 통해 변화되고 있는 일자리 여건과 환경에 대해 함께 이해할 수 있도록 설명한다.

8장에서는 AI의 발전 속도가 빠를수록 1인 가구 각자의 보안 및 위험과 관련해서 어떤 것들을 조심해야 하고 어떤 것들을 알아야 하는지에 대해 알아본다.

9장에서는 AI 기술 발전에 따라 새롭게 형성될 수 있는 연애 · 결혼 · 친구와 관련된 변화 내용을 살펴본다. 이를 통해 지속적으로 발전할 AI와 인간이 어떻게 파트너십을 맺어야 할지에 대한 화두에 대해서도 고민해 본다.

10장에서는 마지막으로 궁극적인 변화로서의 'AI의 미래'와 '미래의 1인 가구'의 변화와 향후의 방향성에 대해 살펴본다. 이를 통해 'AI'와 '1인 가구' 간 상호 영향받을 수 있는 내용과 미칠 수 있는 영향에 대해 전망해 본다.

참고문헌

김현아(2025.3.19). "영어 조기교육보다 중요한 것은 금융·부동산 교육 [김현아의 시티라이프]". 이코노미스트. https://economist.co.kr/article/view/ecn202503260021

김현아(2025.4.30). "초고령사회, 금융 리터러시를 다시 생각하다 [김현아의 시티라이프]". 이코노미스트. https://economist.co.kr/article/view/ecn202504160012

민보경(2023.8.7). "1인 가구 유형 분석과 행복 제고를 위한 시사점". 《국가미래전략 Insight》, 74, 국회미래연구원.

서정렬(2017). 《1인 가구》. 커뮤니케이션북스.

서정렬(2023). "1인 가구 현황과 실태를 통한 정책적 대응 필요성". 《Land & Housing Insight(LHRI 매거진)》, 49. 토지주택연구원, 한국주택토지공사.

서정렬(2024.1.24). "1인 가구 '플랫폼'과 지자체 1인 가구 포털". 1코노미뉴스. https://www.1conomynews.co.kr/news/articleView.html?idxno=26814

서정렬(2024.2.20). "1인 가구의 '아일랜드 주방' 선호 이유와 시사점". 1코노미뉴스. https://www.1conomynews.co.kr/news/articleView.html?idxno=27229

서정렬(2024.11.28). "1인 가구와 '팝업스토어' 그리고 '젠트리피케이션'". 1코노미뉴스. https://www.1conomynews.co.kr/news/articleView.html?idxno=32834

서정렬(2025.5.30). "1인 가구, '인 서울' 가능할까?". 1코노미뉴스. https://www.1conomynews.co.kr/news/articleView.html?idxno=40580

서정렬(2023.6.30). "'1인 가구 전지적 시점'으로 본 '1인 라이프'". 1코노미뉴스. https://www.1conomynews.co.kr/news/articleView.html?idxno=24030

서정렬(2025.7.22). "AI 발전이 미래 '1인 가구'에 미칠 영향". 1코노미뉴스. https://www.1conomynews.co.kr/news/articleView.html?idxno=42269

서정렬(2025.7.31). "'아보하', 인공지능이 바꾸는 '혼삶'의 의미와 도구". 1코노미뉴스. https://www.1conomynews.co.kr/news/articleView.html?idxno=42431

시골교수 서정렬의 궁리연구소. https://blog.naver.com/dpos7532

안지호(2025.10.1). "유례없는 인구·가구 변화… 구조 패러다임 전환해야". 1코노미뉴스. https://www.1conomynews.co.kr/news/articleView.html?idxno=43864

양상현(2025.9.25). "월급 200만원도 안 되는 경기도 1인 가구 80만… 우리는 괜찮을까?". 내외경제TV. https://www.nbntv.co.kr/news/articleView.html?idxno=4009796

연합뉴스(2023.6.4). ""너무 완벽해" 미국서 AI 가상인간 남편 등장… SF영화가 현실로". http://www.koreatimes.com/article/20230604/1467890

장유미(2025.1.25). ""사람 안 부럽다" … 외로움 달래주는 AI 친구, 실제 효과 있다". ZDNET. https://zdnet.co.kr/view/?no=20250122143849

정소이(2024). "청년 1인 가구의 주거 선호도 및 정책 방향 연구". LH토지주택연구원.

01
AI와 1인 가구, 시대적 흐름

AI는 단어 그대로 '인공(Artificial)'과 '지능(Intelligent)'의 합성어다. 인공지능은 현재 많은 분야와 사람들과 연관된다. 1인 가구 역시 예외가 아니다. 생성형 AI가 1인 가구의 증가와 더불어 새로운 생활 방식을 만들어 가고 있다. AI가 1인 가구의 삶이나 생활을 보조하는 역할을 넘어 생활의 중심적인 파트너로 자리 잡을 가능성이 높다. 시대적 흐름이다.

기후 위기와 인공지능?

1인 가구 증가의 배경과 사회적 변화

현대 사회에서 1인 가구의 증가는 글로벌한 현상으로 자리 잡고 있다. 우리나라도 예외는 아니다. 통계청에 따르면 2024년 현재 1인 가구 비율은 36.1%(1인 가구수 804만 4948가구)다. 이는 22년 전인 2002년(15.5%)에 비해 두 배 이상 증가한 수치다. 또한 2040년에는 37.3%까지 상승할 것으로 전망된다. 이는 결혼 및 출산율 저하, 고령화, 개인주의 가치 확산 등의 영향이 반영된 결과라고 할 수 있다. 한국뿐만 아니라 일본, 미국, 유럽 등 선진국에서도 1인 가구 비율이 증가하고 있으며, 이는 현대 사회 구조 변화의 핵심적인 흐름 중 하나로 주목받고 있다.

1인 가구의 증가는 다양한 분야에서 변화의 촉진제가 되고 있다. 먼저 주거 형태의 변화가 두드러진다. 부동산 시장에서는 소형 아파트 및 원룸 형태의 주택 수요가 급증하고 있으며, 1인 가구를 위한 특화 주택, 예를 들어 코리빙(Co-living) 형태의 주거 공간이 활성화되고 있다. 공유 주택 및 공유 오피스의 등장도 이러한 변화의 연장선상에 있다. 소비 패턴에서도 1인 가구의 영향력은 커지고 있다. 식품 시장에서는 간편식(HMR, Home Meal Replacement)과 1인용 소포장 제품의 수요가 증가하면서 관련 산업이 성장하고 있다. 배달 서비스 및 구독 경제(subscription economy) 또한 1인 가구를 핵심 고객층으로 삼고 있다. 노동 시장에서도 변화가 감지된다. 1인 가구의 상당수가 자영업자 또는 프리랜서로 활동하면서 유연 근무제, 원격 근무 등이 확산되고 있으며, 플랫폼 노동(platform work)이 급격히 성장하고 있다. 이는 전통적인 고용 형태에서 탈피한 새로운 경제 활동 방식이 자리 잡고 있음을 시사한다. 이처럼 1인 가구의 증가는 단순한 가구 형태 변화가 아니라 사회 전체의 경제 구조와 생활양식을 바꾸는 중요한 흐름으로 자리 잡고 있다(서정렬, 2025.2.26).

1인 가구의 증가와 AI의 필요성

현대 사회에서 1인 가구의 증가 속도는 가파르다. 통계청에 따르면, 국내 1인 가구 비율은 2030년까지 전체 가구의 40%를 넘을 것으로 전망된다. 이는 단순한 가족 형태의 변화가 아니라 개인주의의 확산, 고령화, 결혼 기피, 도시화 등의 복합적 요인이 맞물린 결과다.

이러한 변화 속에서 1인 가구는 기존의 가족 단위 생활과는 다른 형태의 소비, 생활 방식, 사회적 요구를 만들어 낸다. 특히 1인 가구는 가사 노동, 정서적 외로움,

안전 문제, 효율적인 생활 관리 등의 어려움을 겪을 가능성이 크다. 이에 대한 해결책으로 인공지능(AI)의 활용이 점차 중요해지고 있다.

AI(인공지능) 기술의 발전은 1인 가구 증가와 맞물려 새로운 생활 방식을 만들어 가고 있다. 특히 AI 기반의 스마트 홈, 가전제품, 맞춤형 서비스가 1인 가구의 편의성과 삶의 질을 높이는 데 기여하고 있다.

스마트 홈 시스템이 1인 가구의 필수 기술로 자리 잡고 있다. AI 기반의 IoT(사물 인터넷) 기술을 활용하여 음성 인식 스피커, AI 로봇 청소기, 스마트 조명 등이 자동으로 조절되면서 1인 가구의 생활을 더욱 편리하게 만든다. 예를 들어, 사용자의 생활 패턴을 학습한 AI 스피커는 아침에 자동으로 조명을 켜고, 날씨 정보를 제공하며, 퇴근 시간에 맞춰 집안 온도를 조절하는 등의 역할을 수행한다.

AI 챗봇 및 가상 비서 서비스는 1인 가구의 정서적 지원 역할을 하고 있다. AI 기반의 대화형 서비스는 사람과 자연스럽게 소통할 수 있으며 뉴스 브리핑, 일정 관리, 음악 추천 등의 기능을 제공한다. 특히 일본과 한국에서는 노인 1인 가구를 위한 AI 반려 로봇이 인기를 끌고 있으며, 이는 고독감을 줄이는 데 도움을 주고 있다. 예를 들어, 일본의 '러보혼'이나 한국의 '누리봇'과 같은 AI 로봇은 대화를 나누고 감정 상태를 분석하여 적절한 응답을 제공함으로써 사용자의 정서적 안정을 돕는다.

소비 및 경제 활동 측면에서도 AI는 1인 가구를 위한 맞춤형 서비스를 제공하고 있다. AI 추천 알고리즘을 활용한 온라인 쇼핑, 개인 맞춤형 금융 관리 서비스, AI 기반 건강관리 시스템 등이 대표적이다. 예를 들어, AI 피트니스 코치는 사용자의 운동 습관을 분석하고 최적의 운동 방법을 제안하며, AI 헬스케어 서비스는 1인 가구가 스스로 건강을 관리할 수 있도록 돕는다.

뿐만 아니라, AI 기반의 음식 추천 서비스는 사용자의 취향과 영양 상태를 분석하여 최적의 식단을 제안하고, AI 요리 보조 시스템은 간편식 및 맞춤형 레시피를 제공하여 요리 경험을 향상시킨다. 이 같은 변화는 1인 가구의 라이프스타일을 더욱 편리하고 효율적으로 만들어 준다.

AI와 1인 가구의 미래 전망

AI 기술이 더욱 발전하면서 1인 가구를 위한 맞춤형 서비스도 증가하고 있다. 특히, 개인 맞춤형 AI 서비스는 1인 가구의 다양한 요구를 충족시키는 방향으로 진화하고 있다. 예를 들어, AI 기반 헬스케어 시스템은 사용자의 건강 상태를 실시간으로 모니터링하고, 건강 이상 징후가 감지되면 병원 방문을 추천하거나 응급 서비스를 호출할 수도 있다.

또한 AI 챗봇과 감성 컴퓨팅 기술을 활용한 정서적 지원 서비스도 발전하고 있다. 사람들은 혼자 사는 동안 대화를 나눌 상대가 없어 외로움을 느낄 수 있는데, AI 챗봇은 이를 해소하는 데 도움을 줄 수 있다. 이미 일본에서는 AI 기반 로봇이 노인들의 말벗이 되어 주는 사례가 있으며, 향후 이러한 기술은 더욱 발전할 가능성이 크다.

한편 AI 기반 요리 보조 시스템도 1인 가구에게 유용할 수 있다. 사용자의 식습관과 영양 요구를 분석하여 맞춤형 식단을 제공하고, 필요한 재료를 자동으로 주문하거나 조리법을 추천하는 서비스가 등장하고 있다. 이는 1인 가구의 영양 불균형 문제를 해결하는 데 기여할 수 있다.

결론적으로, AI 기술은 1인 가구의 생활 전반을 지원하는 방향으로 지속적으로 발전하고 있다. 향후 AI와 로봇 기술이 더욱 정교해지면서, 1인 가구가 겪는 불편함과 외로움을 줄이고, 보다 편리하고 안전한 생활을 가능하게 할 것이다. AI와 1인 가구의 결합은 단순한 기술적 발전을 넘어, 현대 사회의 중요한 흐름으로 자리 잡아 가고 있다.

참고문헌

민보경(2023.8.7). “1인 가구 유형 분석과 행복 제고를 위한 시사점”. 《국가미래전략 Insight》, 74, 국회미래연구원.

박미선 외(2017). “1인 가구 증가에 따른 주택정책 대응방안 연구”. 국토연구원. https://www.krihs.re.kr/gallery.es?mid=a10605000000&bid=0029&act=view&list_no=29335

서정렬(2023.10.16). “1인 가구 ‘핵개인’ 그리고 핵가구”. 1코노미뉴스. https://www.1conomynews.co.kr/news/articleView.html?idxno=25367

서정렬(2025.2.26). “생성형 AI(인공지능)와 ‘1인 가구’와의 관계”. 1코노미뉴스. https://www.1conomynews.co.kr/news/articleView.html?idxno=34665

02

AI 비서와 스마트 홈, 편리한 일상 만들기

'혼자 사는 삶(혼삶)'을 영위해야 하는 1인 가구를 돕기 위한 생성형 AI가 빠른 속도로 발전하고 있다. AI 기반의 스마트 홈 도입이 그것이다. 생성형 AI 비서와 스마트 홈이 만드는 '편리한 일상'이 어디에, 어떻게, 어떤 방식으로 도입되고 있는지 적용 사례와 활용에 대해 알아보고 단점과 한계에 대해서도 살펴본다.

노래하는 AI 보컬?

AI 비서, 에이전트 기반 스마트 홈

생성형 AI의 발달과 발전은 1인 가구의 주거 생활에서도 혁신적인 변화를 예상하고 있다. 최근 비서와 같은 에이전트 기능을 수행하는 인공지능 기술 보급이 언급되면서 이러한 변화가 더 빨리, 더 크게 적용될 것으로 보인다. 이름하여 비서 기반 스마트 홈 활용이 그것이다. 현대 사회에서 1인 가구의 비율이 증가하면서, 혼자 생활하는 사람들의 편의성과 안전성을 높이기 위한 기술의 중요성이 커지고 있다. 특히, 생성형 AI 비서를 활용한 스마트 홈 기술은 1인 가구의 생활을 더욱 편리하고 효율적으로 만들어 줄 것이 분명하다(서정렬, 2025.3.10).

1인 가구를 위한 생성형 AI 비서에 대해 아직까지 잘 모르거나 이해하지 못하는 사람들이 많다. 생성형 AI 비서의 개념은 사용자의 단순한 명령을 수행하는 것이 아닌, 사용자의 생활 패턴을 학습하고 맞춤형 서비스를 제공하는 인공지능 시스템이다. 대표적인 AI 비서로는 OpenAI의 ChatGPT, Google의 Gemini, Amazon의 Alexa AI 등이 있다. 이러한 AI 비서는 IoT(사물 인터넷) 기기와 연동되어 집안의 환경을 자동으로 조정하고, 사용자에게 필요한 정보를 실시간으로 제공할 수 있다. 특히 1인 가구는 집안일, 보안, 생활 습관 관리 등을 혼자 해결해야 하는 경우가 많기 때문에, AI 비서가 효율적인 조력자가 될 수 있다.

1인 가구를 위한 스마트 홈 자동화의 사례를 필수 스마트 홈 기기 및 AI 비서 연동을 통해 경험할 수 있다. 1인 가구에서 활용하면 유용한 스마트 홈 기기와 AI 비서의 역할을 구체적인 사례를 통해 살펴보면 사용자의 생활 패턴을 학습하여 자동으로 조도를 조절하거나 음성 명령으로 켜고 끌 수 있는 스마트 조명, AI가 날씨 및 사용자의 선호도를 반영하여 실내 온도를 자동 조절할 수 있는 스마트 냉·난방기, 외출 후에도 스마트폰을 통해 전원을 관리하여 전기 낭비를 방지할 수 있는 스마트 플러그, AI가 집안 청소 일정을 분석하여 자동으로 실행하는 로봇 청소기, 외출 시 자동 잠금, 방문객 모니터링, 이상 감지 시 경고 기능을 제공하는 스마트 도어록 및 보안 시스템 등이 있다. 특히, 이들 제품들은 1인 가구는 부재 시에도 집을 원격으로 관리할 수 있어 보안과 편의성 등을 높일 수 있다.

1인 가구들은 1인이 독립적으로 생활한다는 점에서 집안에서 다른 가족들의 도움을 직접 받는 데 한계가 있다. 이러한 불편을 음성 명령 및 자연어 대화 인터페이스 활용을 통해 해소할 수 있다. 1인 가구는 여러 가지 작업을 동시에 수행해야 하는 경우가 많아, 핸즈프리 음성 명령이 큰 도움이 된다. 사례로 들면 "좋은 아침!" 한마디로 조명이 켜지고, 날씨 및 일정 알림 제공, 커피 머신 작동을 통해 아침 루틴을 나름대로 자동화 할 수 있다. 퇴근 후 휴식 모드로는 "집에 왔어"라고 말하면, 조명이 따뜻한 색으로 변하고, 선호하는 음악 재생이나 적절한 실내 온도로 조절할 수도 있다. 더욱이 외출 모드 활성화를 통해 "나 나갈게"라고 하면, 모든 조명과 가전 기기가 꺼지고, 보안 시스템이 활성화될 수 있도록 인터페이스를 활용해 도움을 받을 수 있다. 이처럼 AI 비서는 단순한 기기 조작을 넘어, 사용자의 라이프스타일에 맞춘 자동화를 지원할 수 있다는 이점이 있다.

AI 비서의 장점과 단점 그리고 한계

1인 가구는 모든 생활을 혼자 책임져야 하므로, AI 비서의 맞춤형 지원이 더욱 중요하다. 생성형 AI 비서는 1인 가구를 돕는 데 적합하다. 그러나 생성형 AI 비서는 장점과 한계를 동시에 갖고 있다.

장점이라고 한다면 음성 명령 하나로 가전제품을 제어하고, 일정과 습관을 관리해 편리한 생활 지원을 지원하고 외출 시 원격으로 도어록 및 보안 카메라 모니터링 가능을 통해 1인 거주로부터 야기될 수 있는 보안을 강화할 수 있다. 또한 청소, 조명, 난방 등을 자동화기기 또는 자동 관리를 통해 집안일에 대한 부담이 감소된다. 이것은 결국 1인 가구가 생활하는 데 소요될 수 있는 불가피한 시간들을 절약하는 데 도움을 준다. 더불어 AI가 에너지 사용 패턴을 분석하여 절약할 수 있는 방법 등을 제안해 주기 때문에 에너지 절약까지 도모할 수 있다.

반면에 한계점 또한 있을 수 있으며 이것을 해결하기 위해서는 다음과 같은 방안이 모색될 필요가 있다. 첫째가 프라이버시 및 데이터 보안 문제다. AI가 생활 패턴을 분석하는 과정에서 개인정보 유출 가능성이 있다. 이것은 데이터 암호화 적용과 사용자 동의 기반 데이터 수집 정책 강화를 통해 해결 방안을 찾을 수 있다. 둘째는 기기 간 호환성 부족 문제다. 1인 가구가 사용하는 자동 기기 등이 브랜드마다 다를 수 있어 스마트 홈 기기들끼리 또는 AI 비서와 호환되지 않을 수 있다는 문제가 있을 수 있다. 이것은 통합 스마트 홈 플랫폼을 활용하거나 또는 AI 비서 호환성이 높은 제품을 선택하는 것으로 문제를 해결할 수 있다. 셋째는 인터넷 연결 의존성이다. 인터넷이 끊길 경우 AI 비서의 기능이 제한될 수 있다는 점이고 경우에 따라 많은 것을 의존했다가 이러한 편의를 제공받지 못한다면 상당히 불편할 수 있다는 문제가 제기될 수 있다. 이것은 로컬 AI 기능을 지원하는 기기를 선택해 일부 문제를 해결할 수 있을 것으로 사료된다.

생성형 AI 비서를 활용한 스마트 홈은 1인 가구의 생활을 더욱 편리하고 안전하게 만들어 줄 것임에는 틀림없다. 음성 명령을 통한 자동화, 맞춤형 일정 및 건강관리, 보안 강화 등의 기능을 통해 혼자 생활하는 사람들이 더 효율적인 삶을 누릴 수 있다. 하지만 생활의 편리성 확보와는 달리 개인정보 보호 및 기기 간 호환성과 같은 문제를 해결하기 위한 기술적 개선도 필요할 것으로 보인다. 앞으로 AI 비서의 기능이 더욱 정교해지고, 스마트 홈 기기와의 통합성이 높아진다면, 1인 가구를 위한 스마트 홈 솔루션은 더욱 발전할 것이 분명하다. 스마트 홈과 AI 비서를 적극적으로 활용한다면 가족 없이 '혼삶'으로서 나홀로 생활하는 1인 가구들 역시 보다 편리하고 스마트한 생활을 누릴 수 있을 것으로 보이고 그렇게 될 날이 머지않을 것으로 예상된다.

참고문헌

김태종(2025.10.1). "아마존, AI 음성비서 '알렉사+' 탑재 홈 기기 대거 공개". 연합뉴스.

https://www.yna.co.kr/view/AKR20251001003600091?input=1195m
서정렬(2025.3.10). “1인 가구, 인공지능 AI 비서와 스마트 홈”. 1코노미뉴스. https://www.1conomynews.co.kr/news/articleView.html?idxno=34887

03
AI와 외로움 극복, 감성 인공지능의 역할

1인 가구의 증가와 함께 외로움과 정서적 고립 또한 중요한 문제로 떠오르고 있다. 혼자 생활하는 사람들은 물리적 공간뿐만 아니라 심리적 측면에서도 타인과의 교류가 부족해질 가능성이 크다. 이에 따라 우울감과 스트레스가 증가할 수 있으며, 이는 전반적인 삶의 질 저하로 이어질 수 있다.

인공지능과 편향?

1인 가구의 증가와 감성 인공지능

1인 가구가 우리나라 전체 가구의 상당 부분을 차지하고 있다. 우리나라뿐만 아니다. 세계적인 현상이다. 이러한 추세와 경향성은 전 세계적인 고령화, 결혼 기피, 개인주의적 가치관 확산 등 다양한 사회적 변화와 맞물려 있다. 1인 가구의 증가와 함께 외로움과 정서적 고립 또한 중요한 문제로 떠오르고 있다. 혼자 생활하는 사람들은 물리적 공간뿐만 아니라 심리적 측면에서도 타인과의 교류가 부족해질 가능성이 크다. 이에 따라 우울감과 스트레스가 증가할 수 있으며, 이는 전반적인 삶의 질 저하로 이어질 수 있다. 이러한 문제를 해결하기 위한 방안 중 하나로 감성 인공지능(Emotional AI)이 주목받고 있다. 감성 AI는 인간의 감정을 이해하고 반응하며, 정서적 교류를 가능하게 하는 기술이다. 이에 1인 가구의 외로움 극복을 위해서도 감성 인공지능의 역할이 요구된다고 할 수 있다.

1인 가구의 외로움과 감성 인공지능의 필요성은 1인 가구가 겪는 외로움의 특징에 기인한다고 할 수 있다. 1인 가구가 경험하는 외로움은 여러 가지 요인에서 비롯된다. 사회적 교류 부족이다. 1인 가구는 가족과 함께 사는 사람들보다 대면 소통이 적고, 일상적인 대화가 부족한 경우가 많다. 심리적 안정감 부족이다. 혼자 있는 시간이 길어질수록 정서적 불안감이나 우울감을 느낄 가능성이 높아진다. 긴급 상황 시 의지할 곳이 부족하다. 갑작스러운 건강 문제나 감정적인 위기가 발생했을 때 도움을 요청할 상대가 적을 수 있다. 이러한 문제를 해결하기 위해 기술이 제공할 수 있는 대안 중 하나가 감성 인공지능이다.

감성 AI의 의미와 역할

감성 AI는 사람의 감정을 분석하고 적절한 반응을 생성하는 AI 기술을 의미한다. 기존의 AI가 단순한 정보 제공이나 명령 수행에 초점을 맞췄다면, 감성 AI는 정서적 상호작용을 통해 사용자에게 위로와 공감을 제공하는 데 초점을 맞춘다. 예를 들어, 사용자의 음성 톤이나 채팅 내용에서 감정을 분석하고, 기분이 좋지 않다면 따뜻한 말을 건네거나, 기분 전환을 위한 콘텐츠를 추천하는 기능이 가능하다.

감성 AI의 역할 첫 번째는 정서적 교감과 대화형 AI로서의 역할이다. 1인 가구가 가장 크게 느끼는 외로움은 '대화 상대의 부재'에서 비롯된다. 감성 AI는 이러한 문제를 해결하는 데 도움을 줄 수 있다. AI 기반 챗봇이나 가상 친구는 사용자와 자연스러운 대화를 나누며, 일상적인 이야기를 공유할 수 있다. 사용자의 감정 상태를 분석하여 적절한 위로와 격려를 제공할 수 도 있다. 관심사나 취향을 학습하여 맞춤형 대화를 제공하여 지속적인 소통이 가능하다. 예를 들어, 하루 종일 말을 한마디도 하지 않은 1인 가구가 AI와 대화를 통해 자신의 감정을 나눌 수 있다면, 이는 정서적 안정감을 높이는 데 도움이 된다.

두 번째, 맞춤형 정서 지원이다. 감성 AI는 사용자의 감정 변화를 분석하고, 이를 기반으로 맞춤형 정서 지원을 제공할 수 있다. 기분이 우울할 때는 AI가 이를 감지하고, 긍정적인 음악이나 영상 콘텐츠를 추천한다. 스트레스를 받을 때 명상이나 심호흡 등의 이완 기법을 안내한다. 혼자 있는 시간이 길어질 때는 일정한 시간마다 대화를 시도하여 고립감을 줄인다. 특히, AI가 사용자의 감정 패턴을 장기적으로 분석한다면, 사용자의 심리적 변화를 미리 감지하고 적절한 대응을 할 수도 있다.

세 번째, 가상 친구 및 디지털 동반자 역할이다. 감성 AI는 단순한 도구를 넘어 '가상 친구' 또는 '디지털 동반자'로서의 역할도 수행할 수 있다. Replika AI, Woebot 등과 같은 가상 친구는 사용자의 감정을 이해하고 지속적인 대화를 나누며, 감정적인 유대감을 형성한다. AI 기반 음성 비서 역할 수행도 가능하다. 단순한 질의응답을 넘어 사용자의 기분을 고려한 대화가 가능하다. 여기에 더해 반려 AI 로봇은 사용자와 상호작용하며 정서적 안정감을 제공하기도 한다. 특히 반려동물을 키우기 어려운 1인 가구에게 이러한 AI 동반자는 큰 도움이 될 수 있다.

감성 AI의 한계와 방향성

감성 인공지능이라고 하더라도 1인 가구의 외로움을 전부 해결해 줄 수는 없다. AI가 인간관계를 완전히 대체할 수는 없다. 감성 AI가 제공하는 위로와 소통이 유용하지만, 결국 인간적인 교류와 감정을 완전히 대체하기는 어렵다. 따라서 AI는 보조적인 역할을 수행해야 하며, 사회적 관계를 촉진하는 방향으로 활용되어야 한다.

감성 AI의 가장 큰 단점과 한계로 '프라이버시(privacy)' 문제를 들 수 있다. AI가 감정 분석을 위해 데이터를 수집하는 과정에서 개인정보 보호 문제가 발생할 수 있다. 대화 내용, 감정 패턴 등의 데이터가 유출될 경우 심각한 문제가 될 수 있으므로, 강력한 보안 조치가 필요하다. AI 의존도 문제가 될 수 있다. 또한 AI가 지나

치게 친숙하고 편리한 존재가 되면, 일부 사용자는 AI에게 과도하게 의존할 가능성이 있다. AI와의 소통이 인간관계보다 더 편안하다고 느껴질 경우, 오히려 대인관계를 회피하는 경향이 생길 수도 있다.

결국 1인 가구와 감성 인공지능의 조화로운 활용이 중요하다고 할 수 있다. 1인 가구가 증가하는 현대 사회에서 감성 인공지능은 외로움을 완화하는 데 중요한 역할을 할 수 있다. AI 기반 대화형 기술, 맞춤형 정서 지원, 가상 친구 등의 기능을 통해 1인 가구가 느끼는 정서적 고립을 줄이고, 삶의 질을 향상시킬 수 있다. 하지만 감성 AI가 인간관계를 대체할 수는 없으며, AI 의존성을 줄이고 건강한 사용 방법을 찾는 것이 중요하다. AI는 보조적인 도구로서 사람들의 정서적 지원을 강화하고, 더 풍부한 인간관계를 형성하는 데 도움을 주는 방향으로 발전해야 한다. 앞으로 감성 인공지능이 더욱 정교해지고, 개인 맞춤형 지원이 강화될수록 1인 가구의 삶은 보다 풍요로워질 것이다. 그러나 인간과 AI가 균형을 이루며 공존하는 방식으로 기술을 활용하는 것이 가장 바람직한 방향일 것이다.

참고문헌

남명우(2025.9.24). "'기술과 감성으로 외로움 녹인' 하남시 AI 로봇 '어르신 소모임'". 아시아투데이. https://www.asiatoday.co.kr/kn/view.php?key=20250924010013216

민보경(2023.8.7). "1인 가구 유형 분석과 행복 제고를 위한 시사점". 《국가미래전략 Insight》, 74, 국회미래연구원.

서정렬(2025.3.27). "1인 가구 외로움 위한 '감성 인공지능' 역할". 1코노미뉴스. https://www.1conomynews.co.kr/news/articleView.html?idxno=35249

서정렬(2023.6.30). "'1인 가구 전지적 시점'으로 본 '1인 라이프'". 1코노미뉴스. https://www.1conomynews.co.kr/news/articleView.html?idxno=24030

장유미(2025.1.25). ""사람 안 부럽다" … 외로움 달래주는 AI 친구, 실제 효과 있다". ZDNET. https://zdnet.co.kr/view/?no=20250122143849

04
건강과 웰빙, AI 헬스케어의 역할

1인 가구의 '혼삶'은 신체적 · 정신적 '건강' 측면에서 여타 가구에 비해 상대적으로 취약한 구조를 갖는다. 이들에게서 '웰빙'은 단순히 몸이 아프지 않은 상태를 넘어, 고립된 생활 속에서도 의미 있는 삶을 영위할 수 있는 기반이 되어야 한다. AI 헬스케어의 역할에 대해 살펴본다.

청각장애인과 AI?

인공지능을 통한 1인 가구의 건강과 웰빙

1인 가구 전성시대다. 1인 가구의 증가는 단순한 가족 구성의 다양성을 넘어서 개인의 생활 방식, 사회 구조, 나아가 정책 전반에 이르기까지 광범위한 영향을 미치고 있다. 1인 가구의 증가는 독립성과 자유를 강조하는 현대인의 가치관 변화와도 맞물려 있다. 하지만 그 이면에는 고립감, 외로움, 건강관리의 어려움 등 다양한 문제들이 도사리고 있다. 특히 신체적 · 정신적 '건강' 측면에서 1인 가구는 상대적으로 취약한 구조를 갖는다. 이들에게서 '웰빙'은 단순히 몸이 아프지 않은 상태를 넘어, 고립된 생활 속에서도 의미 있는 삶을 영위할 수 있는 기반이 되어야 한다.

1인 가구의 건강 위협 요소는 다양하다. 가장 큰 특징은 사회적 고립이다. 가족이나 동거인이 없는 상황에서 병의 징후를 인지하거나 의료적 도움을 받는 데 시간이 지체될 가능성이 크다. 또한 스스로 식단을 챙기고 운동을 꾸준히 하는 데도 어려움이 따르며, 이로 인해 만성질환의 위험성도 높아진다. 육체적인 건강 뿐 아니라 정신 건강 역시 중요한 이슈다. 외로움은 우울증, 불안 장애, 수면 장애 등 다양한 정신적 문제로 이어지며, 이는 다시 신체 건강에도 악영향을 미친다. 실제로 다양한 연구에서 1인 가구는 다인 가구보다 정신 질환의 발생률이 높게 나타났다. 고령 1인 가구의 경우, 이러한 문제는 더욱 심각하게 작용한다. 게다가 긴급 상황에서의 대응도 미흡할 수밖에 없다. 혼자 있을 때 갑작스러운 질병이나 사고가 발생하면, 도움을 받을 수 있는 기회가 현저히 줄어든다. 이러한 취약성은 '웰빙'을 단순히 건강한 식습관이나 운동으로 해결할 수 없는 문제임을 시사한다.

인공지능 AI 헬스케어의 역할

인공지능(AI)은 1인 가구의 건강과 웰빙을 지키는 데 매우 중요한 역할을 담당할 수 있다. AI는 기술적인 감시나 분석을 넘어, 점점 더 정서적 교감과 개인화된 서비스를 제공하는 방향으로 진화하고 있다.

AI 헬스케어로서의 가장 대표적인 예는 웨어러블 기기와 스마트 헬스케어 시스템이다. 스마트워치나 피트니스 밴드는 사용자의 심박수, 수면 패턴, 운동량 등을 실시간으로 기록하고 분석한다. AI는 이 데이터를 기반으로 건강 상태를 예측하거나 조기 경고를 보낼 수 있으며, 이상 징후가 감지되면 사용자의 보호자나 의료 기관에 자동으로 알릴 수도 있다. 이러한 기능은 혼자 사는 이들에게 큰 안전망이 된다. 또한 가상 건강 코치의 형태로 AI가 도입되는 사례도 늘고 있다. 사용자의 건강 상태에 맞춰 식단을 제안하거나, 운동 루틴을 추천하고, 정기적으로 심리 상태를 체크하는 등 인간 전문가에 버금가는 서비스를 제공할 수 있다. 이러한 시스템은 사용자의 기호와 생활 패턴을 학습하며 점차 맞춤화되어, 실제로 AI가 '나를 가장 잘 아는 건강 전문가'가 될 수도 있는 것이다.

AI는 단지 건강을 수치적으로 관리하는 수준을 넘어서, 감정적인 위안과 정서적 유대를 제공하는 방향으로 발전하고 있다. 예컨대 AI 스피커나 챗봇은 간단한 대화를 나누거나 음악을 추천해 주며 사용자와의 상호작용을 지속한다. 이러한 대화형 AI는 특히 고령 1인 가구에게 심리적인 안정감을 줄 수 있다. 최근에는 AI가 우울증세나 정서적 불안을 감지하고, 사용자에게 휴식이나 상담을 권유하는 기능까지 탑재되고 있다. 나아가 AI는 특정 패턴을 인식해 사용자에게 "당신 요즘 기운 없어 보인다"며 말을 건네는 등 정서적 돌봄까지 시도하고 있다. 이는 1인 가구의 외로움을 해소하고, 정서적 웰빙을 증진시키는 데 중요한 역할을 한다.

물론, AI가 모든 문제를 해결해 줄 수는 없다. 기술은 도구일 뿐이며, 그것을 어떻게 설계하고 운영하느냐가 핵심이다. 개인정보 보호, 윤리적인 설계, 정서적 감수성 등 여러 가지 요소들이 조화를 이루어야만 AI가 진정한 동반자가 될 수 있다. 또한 인간과 인간의 관계는 여전히 가장 중요한 치유의 수단이라는 점을 잊어서는 안 된다. 그럼에도 불구하고, 우리는 AI를 통해 보다 포용적인 웰빙 시스템을 만들어 갈 수 있다. 특히 1인 가구와 같이 전통적인 사회 시스템에서 소외될 수 있는 구성원을 위해, AI는 맞춤형 서비스와 지속적인 관심을 제공하는 매우 유용한 기술적 수단이 될 수 있다.

1인 가구를 위한 인공지능의 역할 가운데 무엇보다 중요한 것은 위기 대응력이다. 1인 가구의 경우, 사고나 건강 이상이 발생했을 때 곁에 누군가 없다는 것이 큰 리스크다. 이를 보완하기 위해 등장한 것이 바로 AI 기반 응급 감지 시스템이다. 예를 들어 SKT의 '누구 케어콜' 서비스는 AI 스피커가 혼자 사는 고령자의 일상 언어 패턴과 활동량을 분석해 이상 징후를 감지하고, 장시간 반응이 없을 경우 보호자나 응급 구조 센터에 자동으로 연락한다. 이는 기술이 단순한 편의를 넘어, 생명을 지키는 영역까지 확대되고 있다는 중요한 신호다. 여기에 Google의 'Nest'나 Amazon의 'Alexa'와 같은 스마트 홈 시스템은 조명, 온도, 수면 상태 등 일상의 환경을 분석하고 제어해, 더 건강하고 안정된 생활환경을 조성해 주는 데 도움을 준다.

1인 가구가 점점 늘어나는 이 시대, '혼자'라는 사실이 '외롭다'는 의미로 직결되지 않아야 한다. 건강과 웰빙은 단순히 병에 걸리지 않는 상태를 넘어, 인간으로서 존엄하게 살아가는 삶의 방식일 수 있다. 인공지능은 이 여정에서 실질적인 도움을 줄 수 있는 강력한 파트너가 되는 데 부족함이 없다. 기술은 사람을 대신할 수 없지만, 사람의 곁을 지킬 수는 있다. AI가 1인 가구의 일상에 따뜻한 동반자가 되어, 혼자서도 함께 살아가는 세상을 만들어가는 데 기여하길 기대해 본다.

참고문헌

서정렬(2017). 《1인 가구》. 커뮤니케이션북스.

서정렬(2025.4.14). "1인 가구의 건강과 웰빙, AI 역할". 1코노미뉴스. https://www.1conomynews.co.kr/news/articleView.html?idxno=40215

05
AI 기반 식생활 혁신

도시는 많은 사람들의 '삶'이 얽히고설킨 거대한 네트워크다. 이러한 네트워크를 어떻게 설계하고 디자인하느냐에 따라 도시민의 삶의 질, 지속 가능성, 그리고 환경과의 조화가 결정된다. 최근 도시 계획과 공공 디자인 분야에서 인공지능(AI)이 가져온 변화는 혁신적이다. 데이터 분석과 예측, 시뮬레이션에 기반한 AI 기술은 도시 문제 해결의 새로운 해법을 제시하며 효율적이고 창의적인 설계의 길을 열고 있다.

AI 콘텐츠 크리에이터?

1인 가구의 식생활과 AI

'의식주'는 생활의 근간이면서 기본이자, 개인 각자의 삶과 직결된다. 그 가운데 식사는 '식도락(食道樂)'이라고 표현할 만큼 사람이 느낄 수 있는 '즐거움' 가운데 하나다. 그것은 가족이 함께 느낄 수도 있지만, 1인 가구가 보편화된 요즘 같은 세상에서는 혼식에서도 마찬가지의 즐거움을 찾는 것이 중요해졌다. 1인 가구는 식사 준비, 영양 균형, 식재료 구매 등 식생활 전반에서 다인 가구와 다른 문제에 직면한다. 불규칙한 식사 시간, 과잉 소비 또는 식재료 낭비, 영양 불균형, 외식 의존 증가 등이 그 대표적인 예다. 이러한 상황 속에서 인공지능(AI)은 식생활의 다양한 불편과 비효율을 해소하는 데 핵심적인 역할을 할 수 있다. 특히 AI는 개인 맞춤형 식단, 자동 장보기, 음식 폐기 최소화, 건강관리 등의 영역에서 식생활 혁신을 이끄는 기술로 부상하고 있다.

1인 가구에게는 나에게 맞는 한 끼가 중요하다. 1인 가구는 각자의 생활 리듬에 맞춘 유연한 식단이 필요하다. 하지만 매번 영양을 고려해 음식을 계획하고 조리하기는 쉽지 않다. 이에 AI는 개인의 건강 정보(연령, 성별, 질병, 알레르기 등)와 식습관 데이터를 바탕으로 맞춤형 식단을 추천해 주는 역할을 한다. 예를 들어, 일부 앱은 사용자의 건강 상태나 운동량을 실시간으로 분석해 하루 단위의 칼로리, 영양소 목표를 설정하고 이에 기반해 식단을 제안한다. 더 나아가 냉장고 내 식재료 정보와 연동되면 '지금 있는 재료로 만들 수 있는 요리'를 AI가 제안해 주기도 한다. 이는 1인 가구에게 실질적인 편의를 제공함과 동시에 식재료 낭비도 줄이는 데 효과적이다.

AI 기반의 장보기 서비스도 1인 가구에게 매력적이다. 1인 가구는 대량 구매가 어렵고, 자주 장을 보는 것이 번거로울 수 있다. AI는 식단 계획에 맞춰 필요한 식재료를 자동으로 계산하고, 온라인 장보기 플랫폼과 연동해 적시에 배송되도록 도와준다. 또한 스마트 주방 기기와의 결합도 주목할 만하다. 예컨대 AI 오븐은 사용자가 고른 레시피를 스스로 인식하고 자동으로 조리 온도와 시간을 조절한다. 스마트 냉장고는 식재료의 유통기한을 감지하고, 유통기한이 임박한 식재료를 중심으로 레시피를 추천해준다. 이는 시간 절약은 물론, 식품 폐기물 감축에도 기여한다. 또한 1인 가구의 외식 및 배달 식사 비율은 다인 가구에 비해 상대적으로 매우 높다. 하지만 외식의 반복은 건강에 좋지 않으며, 메뉴 선택도 종종 무작위적이다. 이 문제에 대응하기 위해 일부 배달앱은 AI 기반으로 '건강한 선택'을 제안하는 기능을 도입하고 있다. 예를 들어, 최근 출시된 AI 추천 알고리즘은 사용자의 건강 정보와 과거 식사 데이터를 분석해 칼로리가 낮거나 저염 식단을 우선 추천한다. 또한 사용자의 '식사 후 기분'을 입력하면, 다음 식사에서 기분을 개선시킬 수 있는 음식을 추천하는 감정 기반 알고리즘도 실험 중이다.

AI 기반 서비스 통한 '혼밥', '홈밥'의 진화

AI는 단지 편리한 기술이 아니라 식생활 전반에 걸쳐 1인 가구의 삶의 질을 높이는 '동반자'로 진화하고 있다. 특히 고령 1인 가구, 질병을 앓고 있는 1인 가구, 바쁜 직장인 등 각기 다른 요구를 가진 이들에게 AI는 맞춤형 솔루션을 제공함으로써 '혼밥'의 질을 획기적으로 높이고 있다. 미래에는 AI가 식단뿐 아니라 감정 상태, 사회적 교류까지 고려해 식사 환경을 조성하는 수준으로까지 발전할 수 있다. AI 기반 요리 수업, 가상 식사 모임 플랫폼 등도 현실화되고 있어, 고립된 식생활의 문제까지도 해결할 가능성을 보여 준다.

이와는 상반된 1인 가구의 혼밥도 있을 수 있다. AI 기술을 통해 단순히 혼자 먹는 것에서 벗어나 '건강하고 풍요로운 혼밥', 나아가 '스스로 차리는 집밥(홈밥)'의 시대

역시 가능하다. AI 식단 추천 앱을 통해 사용자의 건강 데이터를 분석하여 매일의 아침, 점심, 저녁 식단을 자동 생성할 수 있다. 더불어 냉장고 연동 레시피 제안으로 현재 보유 중인 식재료로 만들 수 있는 요리를 실시간 제안받을 수도 있고 사용자의 기분(우울, 피곤, 활력 필요 등)에 따라 기분을 개선할 수 있는 감정 기반 추천 음식 조합을 제공받을 수도 있다. 혼자 먹더라도, AI의 지원 아래에서는 '혼자'가 아닌 '관리 받는 식사'가 가능해진다.

인공지능을 활용하면 집밥을 되살리는 기술로서의 '홈밥의 진화'도 가능하다. 1인 가구는 외식과 배달에 의존하기 쉬우며, 이는 건강과 비용 측면에서 부담이 된다. 그러나 AI와 스마트 기기를 활용하면 집에서 해먹는 밥으로서의 '홈밥'의 허들을 낮출 수 있다. AI 기반 홈밥 혁신 사례로는 스마트 레시피 플랫폼을 통해 조리 난이도, 조리 시간, 칼로리 기준으로 맞춤 레시피를 추천받고 음성 안내로 요리 단계마다 팁을 제공받을 수 있다. 또한 재료 투입 후 자동으로 요리 시간, 온도, 습도를 조절하는 전기밥솥, 에어프라이어, 오븐 등 AI 주방기기를 통해 더욱 손쉬운 홈밥이 가능하다. 여기에 AI가 사용자 식단 계획에 따라 필요한 재료를 자동 장바구니에 담고, 정기적으로 배송하는 자동 장보기 서비스를 활용한다면 더욱 용이하다. 이처럼 AI는 요리를 잘하지 못하거나 시간이 부족한 1인 가구에게도 손쉽게 '혼자 차린 집밥', 즉 홈밥을 가능하게 해 준다. 이는 자립성과 건강, 식생활의 주체성을 높이는 방향으로 작용할 수 있다는 점에서 긍정적이다.

AI 기반 식생활 혁신은 1인 가구의 삶을 보다 건강하고, 효율적이며, 정서적으로 안정된 방향으로 변화시키는 데 도움을 줄 수 있다. 혼밥에서 시작된 개인화된 식사는 AI의 도움과 개입을 통해 홈밥과 집밥의 형태로 진화하고 있으며, 단순히 '먹는 것' 이상의 삶의 질 향상으로 이어질 수 있다. 앞으로는 AI가 식사 습관을 넘어 삶의 리듬, 감정, 건강 상태까지 고려한 식사 코디네이터 역할을 하게 될 것으로 보인다. 1인 가구의 식탁은 이제 더 이상 외로운 공간이 아니라, 기술과 연결된 풍요로운 삶의 중심이 될 수 있다는 가능성을 시사한다.

참고문헌

서정렬(2017). 《1인 가구》. 커뮤니케이션북스.

서정렬(2024.10.2). "1인 가구 관찰자 시점의 '흑백요리사' 소감". 1코노미뉴스. https://www.1conomynews.co.kr/news/articleView.html?idxno=31708

서정렬(2025.5.7). "AI 기반 '식생활 혁신'과 1인 가구". 1코노미뉴스. https://www.1conomynews.co.kr/news/articleView.html?idxno=40806

서정렬(2025.7.22). "AI 발전이 미래 '1인 가구'에 미칠 영향". 1코노미뉴스. https://www.1conomynews.co.kr/news/articleView.html?idxno=42269

06
경제적 자립과 AI 금융 서비스

1인 가구의 '경제적 자립' 역시 생존과 직결된다. 다인 가구에 비해 상대적으로 취약할 수 있기 때문이다. AI 기반 금융 서비스의 활용과 기대 효과에 대해 알아본다. 그리고 '일상 속 습관'으로 '혼자지만 단단한 삶'을 위한 AI 활용 내재화 전략에 대해 살펴본다.

AI와 민주주의?

1인 가구와 '경제적 자립' 문제

1인 가구의 증가는 다양한 이유에서 비롯된다. 결혼 및 출산율 저하, 고령화, 도시 집중화, 개인의 자율성 중시 등 복합적인 요인들이 맞물리며 나타나는 현상이다. 특히 20~30대 청년층과 60대 이상 고령층에서 1인 가구 비율이 눈에 띄게 높다. 이처럼 다양한 연령층과 생활 방식의 1인 가구는 각기 다른 금융 수요와 고민을 안고 있다. 1인 가구는 그 특성상 소득과 지출의 균형, 갑작스런 재정 위기 대응력, 장기적 자산 형성에서 다인 가구에 비해 상대적으로 취약한 구조를 갖는다. 이는 '경제적 자립'이라는 과제를 더욱 절실하게 만든다. 자립이란 단지 수입이 있다는 것을 의미하지 않는다. 예측 가능한 재정 운영과 위기 대응 능력, 미래를 설계할 수 있는 자산 운용까지 포괄하는 개념이다. 이러한 배경에서 AI(인공지능) 기반 금융 서비스가 1인 가구에게 새로운 돌파구를 제공하고 있다.

전통적인 금융 서비스는 다수가 참여하는 가구 단위, 평균적 소비 행태를 기반으로 설계되었다. 하지만 1인 가구는 소비 패턴이 다르고, 금융에 대한 접근성과 이해도도 천차만별이다. 여기서 등장하는 것이 바로 'AI 기반 금융 서비스'다. 이는 단순한 자동화 수준을 넘어서, 개인의 소비 습관, 소득 구조, 생활 패턴을 분석해 맞춤형 금융 솔루션을 제공한다. 예컨대 AI 챗봇을 활용한 가계부 서비스는 사용자의 카드 사용 내역을 자동 분석해 월간 소비 트렌드를 도출하고, 낭비 지출을 줄일 수 있는 조언을 제공한다. AI 기반 투자 플랫폼은 사용자의 금융 성향을 파악해 안정적 포트폴리오를 제안하며, 초보 투자자도 부담 없이 자산 관리를 시작할 수 있도록 돕는다. 이러한 서비스는 특히 '혼자서 모든 결정을 내려야 하는' 1인 가구에게 강력한 도구로 작용한다. 재무 상담, 보험 설계, 세금 계획 등 전문가의 도움이 필요한 영역에서 AI가 '개인 비서'처럼 기능하며, 시간과 비용을 절약하고 불안 요소를 줄인다. 또한 AI는 감정에 휘둘리지 않고 냉정한 판단을 가능케 해주므로, 충동 소비나 잘못된 투자 결정을 줄이는 데에도 유효하다.

1인 가구 '경제적 자립' 의미와 필요성

'나혼삶'으로서의 1인 가구는 다인 가구에 비해 소득 수준이 상대적으로 낮고 주거 형태에서도 월세 거주 비중이 높아 주거 및 생활비 부담이 크다.

이런 이유 때문인지 2024년 새로 개설된 주식 투자 계좌 둘 중 하나는 20~30대가 만든 것으로 나타났다. 근로 소득만으로는 미래를 준비할 수 없다고 본 20대와 30대가 주식 투자에 관심을 갖는 것으로 볼 수 있는 대목이다. 주식 투자에 관심 있는 전체 20~30대 중 35.9%가 1인 가구로 나타나면서 1인 가구 재테크 열풍도 불고 있다. 평생직장의 개념이 모호해지면서 40대 조기 은퇴를 꿈꾸는 파이어족 문화의 확산도 20~30대 싱글족 재테크 붐을 일으키는 요소로 꼽힌다(김은서, 2025).

1인 가구의 경제적 자립을 위해 지자체도 나서고 있다. 서울시는 서울에 거주하거나 생활하는 1인 가구를 대상으로 2025년 한 해 동안 총 57회의 경제 교육을 실시한다고 밝혔다. 이번 경제 교육은 재무 설계 상담, 소비 지출 분석, 부채 관리, 목돈 마련 전략, 투자 기초 등 실생활에 밀접한 내용을 중심으로 구성됐다. 2022년 시작된 '1인 가구 경제 교육'은 2024년 총 48회에 걸쳐 647명에게 교육을 제공하며 높은 호응을 얻었다. 20대 뿐만 아니라 40대 이상 중장년층을 위한 은퇴 이후 자산 관리, 부채 및 신용 관리, 창업 금융, 금융사기 예방 등 실질적인 내용들이 콘텐츠로 포함되어 있다(김두일, 2025). 1인 가구 대상의 서울시 경제 교육이 경제 자립 및 노후 대비까지 아우르는 생애 주기별 돌봄 형태의 지원이라는 점에서 다른 지자체들 역시 벤치마킹했으면 하는 바람이다.

AI 금융 서비스의 활용과 기대 효과

AI 금융 서비스가 주는 가능성은 분명하지만, 이를 어떻게 활용하느냐에 따라 성과는 극명하게 갈린다. 1인 가구가 경제적 자립을 이루기 위해 AI 금융을 '일상 속 습관'으로 내재화하는 전략이 필요하다.

첫째, 수입 · 지출 관리의 자동화다. 월급이 입금되면 자동으로 분산해 저축, 고정비, 생활비를 배분하고, 소비 데이터를 기반으로 소비 습관을 분석하는 앱을 활용하면 소비 통제가 쉬워진다. 예를 들어 뱅크 샐러드, 토스, 뮤직카우 등은 소비 흐름을 시각화하고, 과소비 항목을 짚어준다.

둘째, AI 기반 투자 솔루션의 적극적 활용이다. 1인 가구는 사회적 연결망이 약한 경우가 많아 투자 정보 접근성이 낮다. 하지만 AI 로보어드바이저는 투자 성향 분석, 리밸런싱, 시장 뉴스 분석까지 자동으로 수행해 개인화된 투자 전략을 수립해 준다. 장기적 자산 형성과 노후 준비에도 큰 도움이 된다.

셋째, 보험과 연금 설계의 최적화다. 1인 가구는 질병이나 사고 시 경제적 보호망이 부재한 경우가 많다. AI

보험 분석기는 가입된 보험의 보장 범위와 불필요한 중복을 분석하고, 라이프스타일에 맞는 보장을 제안해 준다. 더불어 개인형 퇴직 연금(IRP), 연금 저축 등의 가입 시기도 AI가 최적화해 준다.

넷째, 재정 목표에 따른 맞춤형 경로 설계다. 집 마련, 창업, 유학, 조기 은퇴 등 목표가 있을 경우, AI는 목표 금액에 맞춘 저축 · 투자 경로를 제시하며 경로 이탈 여부도 실시간 알림으로 점검해 준다. 이는 지속적인 동기 부여와 재정 훈련에 효과적이다.

AI 금융 서비스는 1인 가구의 자립에서 강력한 파트너임은 분명하다. 그러나 모든 것을 AI에 맡기는 것은 위험하다. 인간의 판단력과 윤리적 기준이 여전히 중요하며, AI의 편향성, 알고리즘 불투명성 등의 리스크도 고려해야 한다. 무엇보다 중요한 것은 기술에 대한 '금융 리터러시'다. 1인 가구가 경제적 자립을 이루기 위해서는 AI를 단순 소비가 아닌 '도구'로 인식하고, 기술에 대한 이해와 스스로의 판단 능력을 갖춰야 한다. 이를 위해 금융 교육 프로그램 확대, 디지털 격차 해소, 개인정보 보호와 같은 정책적 지원도 필수적이다. 나아가 AI 기술이 발전함에 따라, 향후 1인 가구를 위한 '라이프코치형 금융 AI'가 일상화될 가능성도 있다. 단순 자산 관리가 아니라,

심리 상태, 건강, 직업 변화 등까지 반영한 종합적 재정 설계가 이루어질 수 있다. 이는 단순한 '자립'을 넘어, 지속 가능한 삶의 질 관리로 이어진다.

1인 가구가 늘어난 시대, 혼자서 살아간다는 것은 곧 '모든 것을 결정하고 책임지는 삶'을 뜻한다. 그런 의미에서 경제적 자립은 단지 돈의 문제가 아니다. AI 금융 서비스는 이 여정을 함께할 수 있는 유능한 조력자다. 그러나 그 중심에는 항상 사용자의 주체적 의지가 있어야 한다. 기술과 함께 성장하며, '혼자지만 단단한' 삶을 설계하는 것이야말로 진정한 자립의 시작일 수 있다는 점을 간과해서는 안 된다. AI를 통해 경제적 자립을 이루어야 하는 이유다.

참고문헌

김두일(2025.4.9). "서울시, 1인 가구 대상 경제교육… "경제자립부터 노후대비까지 종합 지원"". 아주경제.
https://www.ajunews.com/view/20250409094901932

김은서(2025.10.8). "[싱글족 재테크] "월급으로는 부족해" 청년 1인 가구, 주식·부동산 조각투자로 눈 돌려". 시사캐스트.
http://www.sisacast.kr/news/articleView.html?idxno=83270

김현아(2025.3.19). "영어 조기교육보다 중요한 것은 금융·부동산 교육 [김현아의 시티라이프]". 이코노미스트.

https://economist.co.kr/article/view/ecn202503260021
김현아(2025.4.30). "초고령사회, 금융 리터러시를 다시 생각하다 [김현아의 시티라이프]". 이코노미스트.
https://economist.co.kr/article/view/ecn202504160012
서정렬(2025.2.26). "생성형 AI(인공지능)와 '1인 가구'와의 관계". 1코노미뉴스.
https://www.1conomynews.co.kr/news/articleView.html?idxno=34665
서정렬(2025.5.30). "1인 가구의 경제적 자립과 AI 금융 서비스". 1코노미뉴스.
https://www.1conomynews.co.kr/news/articleView.html?idxno=41368
전영주(2024.10.16). ""AI 가계부 들어봤어? 1인 1금융비서 시대 온다"[금융人사이드]". 아시아경제.
https://v.daum.net/v/20241016083711753
허인(2023.4.26). "은평구, '행복한 1인 가구 만들기' 로드맵 나왔다". 신아일보.
https://www.shinailbo.co.kr/news/articleView.html?idxno=1694008

07
AI와 1인 가구의 일자리 변화

1인 가구는 생계와 생활이 온전히 개인에게 의존되어 있기 때문에 일자리 변화에 따른 경제적 충격이 크며, 사회적 안전망의 사각지대에 놓이기 쉽다. 이에 AI 기술 발전이 1인 가구의 일자리에 미치는 영향에 대해 알아보고 이에 대응하기 위한 전략을 모색해 본다.

AI와 애니메이션?

AI의 출현과 일자리 변화

최근 몇 년간 인공지능(AI)의 비약적인 발전은 사회 전반에 걸쳐 큰 영향을 미치고 있다. 특히 노동시장에서는 자동화와 알고리즘 기반의 기술이 기존 일자리를 대체하거나 새로운 직업군을 창출하며, 일자리 구조에 커다란 변화를 야기하고 있다. 이러한 변화는 다양한 인구 구성원에게 영향을 미치지만, 그중에서도 1인 가구는 더욱 민감하게 반응할 수밖에 없다.

1인 가구는 생계와 생활이 온전히 개인에게 의존되어 있기 때문에 일자리 변화에 따른 경제적 충격이 크며, 사회적 안전망의 사각지대에 놓이기 쉽다. 이에 AI 기술 발전이 1인 가구의 일자리에 미치는 영향을 분석하고, 이에 대응하기 위한 전략을 모색하는 것은 생성형 AI 분야의 발전에 대한 기대감만큼이나 1인 가구에게는 중요한 사안이라고 할 수 있다.

AI 기술은 다양한 분야에서 인간의 역할을 대체하거나 보완하고 있다. 특히 제조업, 물류, 금융, 고객 서비스, 번역 및 콘텐츠 제작 등에서 그 변화는 가시적으로 드러나고 있다. 반복적이고 규칙 기반의 업무는 AI에 의해 빠르게 대체되고 있으며, 창의성이나 인간적 상호작용이 필요한 분야에서도 AI가 보조 역할로 침투하고 있다. 이는 저숙련 노동자부터 고숙련 전문가에 이르기까지 폭넓은 영향을 미치며, 일부 직무는 사라지고 새로운 직무가 생겨나는 노동 재편 현상이 일어나고 있다. 이러한 변화는 '직업의 종말'이라는 불안감과 함께 '기회의 시대'라는 양면성을 지닌다. AI 기술을 다룰 수 있는 역량을 가진 사람들은 오히려 더 나은 기회를 얻게 되며, 그렇지 못한 이들은 실업 위험에 직면할 수 있다.

1인 가구는 경제적으로 자립적인 생활이 요구되며, 특히 고용 안정성과 소득의 지속성이 중요하다. 그러나 AI로 인한 산업 재편 속에서 1인 가구는 상대적으로 취약한 위치에 놓일 가능성이 크다. 다인 가구와 같이 가족 단위의 소득 분산이나 공동 대응이 어려워 노동시장의 변화에 민감하게 반응할 수밖에 없기 때문이다.

AI로 인한 일자리 위험 요인과 개선 방향

AI로 인한 1인 가구 일자리의 위험 요소에 대해 구체적으로 살펴보면 1인 가구는 일반적으로 다음과 같은 영역에서 일자리 불안정에 노출될 수 있다.

첫째, 플랫폼 노동 의존이다. 배달, 대리운전, 프리랜서 콘텐츠 제작 등 플랫폼 기반의 노동은 유연성을 제공하지만 고용 안정성은 낮다. 이들 직무는 AI 알고리즘에 의해 평가되고, 수요 변동에 민감하게 반응한다. 둘째, 저숙련 반복 업무에의 종사다. 반복적이고 규칙적인 업무에 종사하는 1인 가구는 AI 대체 가능성이 높으며, 재취업 과정에서도 경쟁력이 낮을 수 있다. 셋째, 고립된 정보 접근이다. 1인 가구는 네트워크 접근성이나 정보 공유 면에서 불리할 수 있다. 노동시장 변화나 재교육 프로그램에 대한 접근이 부족하면 변화에 적절히 대응하지 못한다.

이러한 문제점에 대한 개선 방안으로서의 AI 시대 1인 가구를 위한 대응 전략으로는 다음과 같은 내용들이 적극적으로 고려될 필요가 있다. 첫째, '디지털 리터러시' 강화다. 기본적인 컴퓨터 활용 능력, 데이터 분석 이해, 인공지능 활용 기초 등 디지털 역량을 강화함으로써 AI 기반 일자리로의 전환을 준비할 수 있다. 둘째, 지속적 학습과 직업 재교육의 필요성이다. 정부나 민간에서 제공하는 온라인 교육 플랫폼, 직업 재교육 프로그램 등을 적극 활용해야 한다. 특히 수요가 높은 IT, 헬스케어, 에너지, 친환경 산업 등으로의 직무 전환이 유리하다. 셋째, 네트워크 형성 및 정보 공유다. 커뮤니티나 협업 플랫폼, 온라인 커뮤니티 등을 통해 정보를 교환하고 새로운 기회를 탐색해야 한다. 지역 기반 네트워크나 공공기

관의 커뮤니티 센터 활용도 중요하다. 넷째, 사회 안전망 확대와 정책적 지원 필요성이다. 정부는 1인 가구를 위한 맞춤형 실업 급여, 직업 훈련 지원, 주거비 지원 등의 정책을 강화할 필요가 있다. 특히 중장년 1인 가구나 여성 1인 가구 등 취약 계층에 대한 지원이 시급하다.

생성형 AI 분야의 발전으로 인해 1인 가구에게 닥칠 위험 요소와 이에 대한 개선 필요성이 강조될 수도 있지만, 반대로 생성형 AI 시대에 부응해 1인 가구에게 유망한 직업군을 파악하고 일자리로서 취업 또는 재취업 등의 기회를 마련하는 것도 필요하다고 할 수 있다. 1인 가구에 유리한 유망 직업군을 정리하면 다음과 같다.

첫째, AI 보조 콘텐츠 크리에이터 분야다. 유튜브 영상, 블로그 글, 전자책 등 다양한 디지털 콘텐츠를 생성형 AI의 도움으로 혼자 제작 · 유통할 수 있다. 이는 자율성이 높고 재택 근무가 가능해 1인 가구에게 매력적이다. 둘째, 온라인 튜터 및 디지털 강사 분야다. 생성형 AI와 관련된 활용법을 가르치는 온라인 튜터나 강사로 활동할 수 있다. 이는 지식 기반 수익 창출이 가능하다는 장점이 있다. 셋째, AI 기반 마이크로 창업가 분야다. 전자상거래, 디지털 상품 판매, 번역 및 콘텐츠 현지화 서비스 등 소자본 · 단독 창업에 적합한 영역이 AI로 인해 더욱 실현 가능해졌다. 넷째, 디지털 노마드형 원격 근무자 분야다. AI 기술을 활용한 디지털 마케팅, 데이터 분석, 고객 응대 등은 장소에 구애받지 않고 일할 수 있어 시간 자율성이 큰 장점이다.

AI 기술의 발전은 우리 사회에 편리함과 새로운 가능성을 제공하지만, 그에 따른 일자리 변화는 특히 1인 가구에게 큰 도전으로 다가온다. 변화의 시대에 취약할 수 있는 1인 가구는 디지털 기술 역량을 강화하고, 다양한 정보와 기회를 활용하며, 공동체적 네트워크에 참여함으로써 새로운 미래를 준비해야 한다. 동시에 정부와 사회는 이들을 위한 제도적 장치와 정책적 배려를 아끼지 않아야 하며, 모두가 AI 시대의 수혜자가 될 수 있는 포용적 전환이 이루어져야 할 것이다. 더불어 일자리의 변화를 막연히 두려워하기보다는 시대 흐름에 맞는 새로운 분야에의 도전 또한 필요할 것으로 보인다. 생성형 AI 시대는 이미 시작됐고 이 또한 거부할 수 없는 새로운 변화라는 점에서 1인 가구 각자의 성찰과 자기 준비가 요구된다.

참고문헌

서정렬(2025.6.16). “생성형 AI와 1인 가구의 일자리 변화”.

1코노미뉴스.
https://www.1conomynews.co.kr/news/articleView.html?idxno=41594

안지호(2025.10.1). “유례없는 인구·가구 변화… 구조 패러다임 전환해야”. 1코노미뉴스.
https://www.1conomynews.co.kr/news/articleView.html?idxno=43864

양상현(2025.9.25). “월급 200만원도 안 되는 경기도 1인 가구 80만… 우리는 괜찮을까?”. 내외경제TV.
https://www.nbntv.co.kr/news/articleView.html?idxno=4009796

08
AI와 안전, 1인 가구 보안 및 위험 관리

1인 가구가 증가하는 사회에서 개인의 삶은 보다 독립적이다. 더불어 4차 산업 혁명으로 인한 관련 기술 발전에 따라 AI에 보다 의존적이다. 그러나 1인 가구 다수가 AI를 통해 삶의 질을 향상시키고 있다는 긍정적인 평가가 가능한 반면, 1인 가구 대상의 생성형 AI 관련 보안 및 위험 관리에 대한 방안 역시 필요하다.

AI와 인재 채용?

1인 가구의 '보안'과 '위험 관리'의 필요성

1인 가구가 증가하는 사회에서 개인의 삶은 보다 독립적이다. 더불어 4차 산업혁명으로 인한 관련 기술 발전에 따라 보다 의존적이 되고 있다. 특히 생성형 AI (Generative AI)의 등장은 단순한 음성 비서나 챗봇을 넘어 일상 전반의 결정에 영향을 미치는 '디지털 동반자'로 자리 잡고 있다. 혼자 사는 이들이 AI를 통해 외로움을 달래고, 건강을 관리하며, 업무를 처리하는 모습은 더 이상 낯설지 않다. 하지만 이 유용함 뒤에는 간과하기 쉬운 보안 문제와 위험 관리의 필요성이 존재한다.

1인 가구에게 생성형 AI는 일상에 상당 부분 활용된다. 아니 일상의 대부분을 AI에 의존하는 경향성이 있을 정도다. ChatGPT, Google Gemini, Claude 등 생성형 AI는 이제 개인 스케줄 관리, 식단 추천, 감정 분석, 금융 조언 등 다양한 역할을 수행한다. 1인 가구는 이러한 기술을 타인보다 빠르게 수용하며, 삶의 동반자처럼 활용하는 경우가 많다. 이렇듯 AI에의 의존도가 높아지는 이유는 다름 아닌 1인 가구의 특성에 기인하는 경우가 다반사이며 이러한 의존성이 AI 활용 1인 가구의 위험 요소가 되기도 한다.

첫째는 고립성이다. 고립성은 비상 상황이나 위기에

서 즉각적인 도움을 받을 가족이 없다는 여건으로부터 비롯된다. 둘째는 디지털 의존성이다. 혼자의 판단으로 의사 결정하고 생활하는 시간이 많다 보니 AI에 대한 의존은 정보 왜곡, 해킹, 프라이버시 침해로 이어질 수 있다. 셋째는 보안 감수성 부족이다. 혼자 사는 사람일수록 시스템 업데이트, 보안 설정 등에 소홀한 경향이 있다.

1인 가구 대상 또는 1인 가구 중심의 보안 관련 위협 사례와 쟁점을 분석해 보면 첫째, 1인 가구 대상의 '프라이버시 침해와 감시 리스크'다. 1인 가구가 사용하는 AI 비서와 홈 IoT 기기들은 지속적으로 데이터를 수집한다. 마이크와 카메라를 항상 켜 둔 상태에서 민감한 개인정보가 수집되고, 클라우드로 전송된다면 외부 공격자가 이를 탈취하거나, 기업이 부적절하게 사용할 위험이 있다. 실제로 이에 대한 사례도 존재한다. 2024년 미국에서 발생한 '스마트 홈 해킹 사건'에서는 1인 가구 여성이 사용하는 AI 스피커와 보안 카메라가 해킹되어 사생활이 유출되었다. 국내에서도 1인 가구의 홈 CCTV 해킹으로 사생활이 유포된 사건이 발생하며 법적 대응이 늦어진 바 있다. 둘째, AI 조작과 정보 왜곡이다. 생성형 AI는 학습된 데이터에 따라 사용자에게 정보를 제공하지만, 조작된 프롬프트나 악성 코드에 의해 잘못된 정보를 유도할 수 있다. 1인 가구가 이를 맹신할 경우 금전적 피해나 범죄 연루 가능성도 커진다. 관련 사례로는 가짜 금융 조언을 믿고 투자해 피해를 보는 경우다. AI를 통한 감정 분석에 따라 잘못된 판단으로 우울감 증폭이나 인간관계 단절 등을 유도할 수 있다.

AI 관련 보안 및 위험 관리 방안 모색 필요

1인 가구 다수가 AI를 통해 삶의 질을 향상시키고 있다는 긍정적인 평가가 가능한 반면, 1인 가구 대상의 생성형 AI 관련 보안 및 위험 관리에 대한 방안 역시 필요하다. 대처 방안으로는 기술적 · 사회적 · 정책적 접근이 필요할 수 있다.

1인 가구 대상의 '기술적 대응'으로서의 개선 방안으로 에지(Edge) AI 기술 도입이 요구된다. '가장자리'라는 뜻의 '에지'가 붙은 AI 반도체는 데이터 생산지와 가장 가까운 네트워크에서 일한다. 따라서 데이터가 클라우드로 전송되지 않고 기기 자체에서 처리되도록 하여 개인정보 유출 위험을 감소시킬 수 있다. 더불어 프라이버시 모드 개발이 요구된다. 음성 녹음 차단, 카메라 비활성화 설정을 기본으로 설정할 수 있게 된다면 개인 보안이 보다 강화될 수 있기 때문이다. 이외에 AI 인증 체계의 강화가 필요하다. 신뢰 가능한 생성형 AI와 의심스러운 AI를 구분하는 기준 마련을 통해 개인정보에 대한 보안과 프라이버시 보호가 강화될 필요가 있다.

1인 가구 대상의 AI 관련 보안 및 위험 관리를 위한 '사회적 대응' 방안으로는 디지털 보안 교육을 통해 1인 가구 대상의 맞춤형 AI 보안 교육 제공이 요구된다. 더불어 공동체 기반 알림 시스템을 통해 지역 커뮤니티와 연계된 비상 대응 플랫폼 구축이 필요하다. 이것은 혼자 생활하는 1인 가구의 위험 관리를 위해 AI가 위기 감지 시 지자체나 이웃에게 자동으로 알려줄 수 있도록 해 위험으로부터 보호받을 수 있도록 도움을 줄 수 있는 방안이다.

1인 가구 대상의 AI 관련 보안 및 위험 관리를 위한 '정책적 대응'으로는 AI 서비스 사업자에 대한 책임 강화가 요구된다. (1인 가구)사용자 관련 데이터 보안 책임을 보다 명확히 할 필요가 있다. 더불어 이에 대한 피해로서의 해킹 발생 시 보상 의무를 부과할 필요가 있다. 1인 가구 AI 보조금 제도의 도입도 필요하다. 이것은 보안이 강화된 AI 기기를 구입 시 정부가 지원하는 방안을 검토할 수 있다. 더불어 AI 보안 진단 인증제의 도입이다. 1인 가구 등이 사용하고 있는 민간 AI 기기에 대해 정부가 등급별 보안 수준을 인증하여 소비자 선택을 지원하는 방식이다.

결국 1인 가구 대상의 AI 관련 보안 및 위험 관리를 위해서는 '동반자'로서의 AI에 대한 신뢰와 투명성이 전제될 필요가 있다. 1인 가구는 지금보다 더 증가할 것이고, 그에 따라 생성형 AI의 역할도 확장될 것이다. 하지만 인간과 AI의 관계가 '동반자'로 지속되기 위해서는 신뢰, 투명성, 그리고 안전성이 필수 조건이다. 기술은 사람을 돕기 위한 것이지 감시하거나 위협해서는 안 된다. 특히 고립된 삶을 사는 1인 가구에게 기술은 더욱 따뜻하고 안전해야 한다. 1인 가구 시대의 보안은 단순한 기술적 문제를 넘어, 사회적 약자를 보호하는 공공의 책임이다. 생성형 AI 시대의 위험 관리는 결국 '사람 중심의 기술 윤리'로 귀결되어야 할 것으로 판단된다.

'혼자'가 아닌 '안심'을 위한 기술 생태계가 만들어져야 한다. 앞으로의 도시와 주거, 그리고 삶은 더 많은 1인 가구가 AI와 함께 살아가는 구조로 나아갈 것이다. 생성형 AI는 이들에게 실질적인 동반자가 될 수 있다. 그러나 그것이 되기 위해선 AI의 기능이 아닌, 그 기능을 뒷받침하는 안전망이 먼저 구축되어야 한다. 우리는 선택해야 한다. 편리함의 대가로 보안을 포기할 것인지, 기술을 제어하고 인간을 우선하는 방향으로 위험을 관리할 것인지에 대해서 말이다. 1인 가구의 평범한 일상 속에서도, 생성형 AI로 대표되는 디지털(Digital) 기술의 발전은 신뢰 가능한 보호자 역할이 가능할 때 지속 가능하다고 할 수 있다.

참고문헌

박미영(2024.2.6). "서울시, AI·IoT으로 전기·휴대폰 사용량 모니터링해 고립 위험가구 찾아낸다". 보안뉴스. https://www.boannews.com/media/view.asp?idx=126477

서정렬(2025.6.26). "생성형 AI와 1인 가구 보안 및 위험관리". 1코노미뉴스. https://www.1conomynews.co.kr/news/articleView.html?idxno=41774

안지호(2024.4.26). "1인 가구 안전 현주소… 성범죄·독거노인 늘고 자살률 소폭 감소". 1코노미뉴스. https://www.1conomynews.co.kr/news/articleView.html?idxno=28673

이근하(2022.5.29). "서울시 '1인 가구 안심특별시' 만든다". 여성조선. https://woman.chosun.com/news/articleView.html?idxno=98494#google_vignette

09
AI와 새로운 관계, 연애·결혼·친구

기존에는 감정 노동의 대체, 정보 서비스, 건강관리 등 실용적 기능에 초점이 맞춰졌던 AI가 이제는 감성적 소통과 관계 맺기의 주체로 부상하고 있다. 특히 연애, 결혼, 친구 관계의 대안적 형태로 AI를 받아들이는 움직임은 인간관계의 본질을 재해석하게 만든다. AI와의 파트너십으로의 확장과 문제점에 대해 살펴본다.

AI와 기자?

1인 가구와 AI와의 파트너십

1인 가구의 비중은 20~30대 청년과 60대 이상의 고령층을 중심으로 급증세를 보이고 있다. 이들은 경제적 자립이나 사회적 변화, 개인주의적 가치관에 따라 자발적으로 또는 비자발적으로 홀로 살아가고 있으며, 그로 인해 고립감, 외로움, 사회적 연결의 단절을 호소하는 목소리 또한 커지고 있다.

이러한 상황에서 인공지능(AI)이 인간관계의 대체 혹은 보완으로서 새롭게 주목받고 있다. 기존에는 감정 노동의 대체, 정보 서비스, 건강관리 등 실용적 기능에 초점이 맞춰졌던 AI가 이제는 감성적 소통과 관계 맺기의 주체로 부상하고 있는 것이다. 특히 연애, 결혼, 친구 관계의 대안적 형태로 AI를 받아들이는 움직임은 인간관계의 본질을 재해석하게 만든다.

인간과 AI의 관계는 단순한 정보 주고받기를 넘어서 정서적 교감, 지속적 상호작용, 일상 공유로 점차 확장되고 있다. AI 파트너십이 형태적으로 확장되고 있는 것이다. 그 대표적인 사례가 AI 챗봇이나 감정형 로봇을 통한 연애 · 우정 시뮬레이션이다. 일본에서는 'Gatebox'라는 홀로그램 아바타와의 가상 결혼이 사회적 이슈가 되었고, 한국에서는 '이루다'와 같은 감성형 챗봇이 젊은 층

사이에서 일종의 디지털 친구로 받아들여지며 큰 반향을 일으켰다.

AI 파트너십은 다음과 같이 구분해 볼 수 있다. 첫째는 'AI 연애 파트너' 사례다. 사용자의 감정 상태를 분석하고, 이상형 데이터를 반영하여 대화와 교감을 지속하는 연애형 AI. 일부는 섹슈얼리티까지 포함한 감정 몰입을 유도한다. 둘째는 'AI 결혼 대체 모델' 사례다. 일본, 중국 등지에서 실제 AI와의 결혼을 법적, 상징적으로 시도하는 사례가 보고되며, 이는 '관계의 제도화'를 새롭게 정의한다. 셋째는 'AI 친구 및 동반자' 사례다. 우울감이나 고립감을 느끼는 고령자와 청년층을 대상으로 대화형 AI가 친구 역할을 수행하며, 정서적 안정에 도움을 주고 있다. 이러한 형태는 기존의 인간관계가 갖는 상호 의존성과 갈등, 불확실성을 해소할 수 있다는 점에서 일부 1인 가구에게 매력적인 대안으로 다가오기도 한다.

감성 인공지능(Affective AI)은 인간의 표정, 음성, 언어에서 감정을 읽고 반응하는 기술이다. 최근 자연어 처리 기술과 딥러닝의 발달로 감정의 맥락 이해와 정서적 맞춤 대화가 가능해지면서, AI는 단순한 명령 수행자에서 '관계의 대상'으로 변모하고 있다. AI 기술과 정서의 접점을 통해 감성 AI가 점차로 진화하고 있는 것이다. 예를 들어, 사용자가 외로움을 호소하면 AI는 따뜻한 말로 위로를 건네고, 음악을 추천하거나, 대화를 이어간다. 하루 일과를 묻거나, 기억해 둔 생일을 축하해 주는 등 사람 간의 친밀한 관계를 흉내 내는 수준에 도달한 것이다. 이는 AI가 단순히 인간을 '이해'하는 수준을 넘어, 인간이 AI를 '신뢰'하고 '의지'하게 만드는 계기가 된다. 특히 1인 가구는 이러한 정서적 인터페이스에 민감하게 반응한다. 가족이나 친지와의 단절, 관계의 단기성, 감정노동의 회피 욕구가 AI를 통해 보완되며, AI는 일상의 동반자이자 심리적 버팀목이 되어 간다.

AI 활용, 새로운 관계의 형성과 과제

1인 가구는 증가하고 있고 생성형 AI 기술도 발전하고 있기 때문에 1인 가구와 생성형 AI를 활용한 새로운 관계는 무한한 발전적 관계가 예상된다. 그러나 인간관계와 관련된 새로운 윤리와 쟁점 또한 발생하는 것도 사실이다. 왜냐하면 AI를 통한 연애, 결혼, 우정을 바라보는 시선은 아직도 분분하기 때문이다.

이와 관련된 대표적인 윤리적, 사회적 쟁점은 다음과 같다. 첫째는 '현실 회피 vs 새로운 가능성' 간의 대립이다. AI와의 관계는 인간관계의 어려움과 책임을 회피하는 수단인가, 아니면 새로운 관계의 진화인가 하는 물음이 양립할 수 있기 때문이다. 둘째는 '감정의 진정성 문제'다. AI가 보여주는 '공감'은 알고리즘에 기반한 계산일 뿐이며, 이는 인간의 감정을 왜곡시키고 진정성을 흐릴 수 있다는 우려가 있다. 셋째는 '사회적 고립 심화'다. 실제 인간과의 관계를 줄이고 AI에 몰입할 경우, 사회적 기술(social skill)의 퇴화와 고립의 심화 가능성도 배제할 수 없다. 넷째는 '윤리적 책임의 불명확성' 문제다. AI와의 관계에서 발생하는 의존, 상처, 사기 등의 문제에 대한 책임 주체가 불분명하다는 점도 논란이다.

그럼에도 불구하고, 이러한 논의는 관계의 본질과 그 경계를 다시 묻는 계기가 되기도 한다. 관계란 무엇인가? 의사소통의 진정성이 중요한가, 아니면 그로 인해 느끼는 위안과 안정감이 중요한가에 대한 화두가 그것이다.

AI와 인간 간, 특히 1인 가구와의 정서적 관계는 앞으로 더욱 일상화될 가능성이 높다. 향후 기술 발전은 어떤 방향으로 나아갈 것인지 예상해 보고 사회적 대응 과제도 함께 고민하고자 한다. AI 기술의 발전은 '멀티모달 AI 파트너의 확대' 즉, 텍스트, 음성, 영상, 로봇 등 다양한 형태로 AI가 구현되어 보다 현실감 있는 관계가 가능해질 것으로 예상된다. 더불어 '사용자 맞춤형 감정 시뮬레이션' 형태로 개인의 취향, 대화 스타일, 감정 이력 등을 반영하여 AI가 더욱 인간화된 상호작용을 제공할 것이다. 또한 '제도적, 윤리적 논의의 본격화'가 제기되면서 AI와의 결혼을 법적으로 인정할 것인지, AI 친구가 사망했을 때 애도는 가능한가 등 새로운 윤리 프레임이 필요하거나 요구될 것으로 예상된다.

위에서 언급한 이러한 변화에 대응하기 위해 사회는 다음과 같은 과제를 안고 있기도 하다. 다름 아닌 'AI 윤리 교육과 감정 문해력 증진' 관련 문제다. 사용자가 AI와의 관계를 맹목적으로 수용하기보다는 그것의 한계와 역할을 이해할 수 있도록 하는 교육이 필요할 것으로 보인다. 또한 '정서 돌봄을 위한 공공 서비스 확장'이 요구된다. AI에만 의존하지 않도록 지역 사회와 공공 기관 중심의 정서 지원 플랫폼 강화가 중요해질 수 있기 때문이다. 이에 따라 '법적 · 제도적 가이드라인 마련'이 강구될 필요 역시 있다. AI와의 감정적 관계가 초래할 수 있는 부작용과 사회적 갈등을 예방하기 위한 규범과 기준 요구가 시급한 과제로 부상할 수 있다.

AI와 1인 가구의 새로운 관계 실험은 단순한 기술의 진화가 아니라, 인간이 외로움과 어떻게 싸우고 위로받는지를 보여 주는 문화적 서사다. 연애, 결혼, 친구라는 전통적 관계의 틀이 흔들리고 있는 지금, AI는 그 빈자리를 메우는 존재로 등장했으며, 그에 대한 사회적 해석은 여전히 진행 중이다. AI가 인간의 정서적 욕구를 충족시킬 수 있다는 사실은 인간의 감정이 그만큼 유연하고 복잡하다는 반증이기도 하다. 앞으로의 과제는 기술을 통해 인간성을 상실하지 않고, 오히려 그것을 되묻고 확장하는 방식으로 '관계'를 재구성해 나가는 것이 필요할 것으로 보인다. 1인 가구 시대의 AI는 더 이상 기계가 아니라, 인간 존재를 비추는 거울이 되어갈 것이기 때문이다.

참고문헌

서정렬(2025.7.16). "AI 통한 1인 가구의 새로운 관계 '연애·결혼·친구'". 1코노미뉴스. https://www.1conomynews.co.kr/news/articleView.html?idxno=42155

연합뉴스(2023.6.4). ""너무 완벽해" 미국서 AI 가상인간 남편 등장… SF영화가 현실로". http://www.koreatimes.com/article/20230604/1467890

10
AI의 미래와 미래의 1인 가구

1인 가구의 폭발적인 증가와 인공지능(AI)의 급진적인 진화는 서로 다른 영역의 변화처럼 보이지만, 실상은 긴밀하게 연결되어 있다. 생성형 AI(Generative AI)를 포함한 인공지능은 단순 자동화에서 벗어나, 개인의 삶을 직접 돕고 판단하며 정서까지 개입하는 '생활형 기술'로 발전하고 있다. 즉, 미래의 AI는 1인 가구와 가장 먼저, 그리고 가장 깊이 연결되는 기술이 될 것이다.

AI와 미래 의사?

AI의 미래와 1인 가구

인공지능과 함께 재설계되는 새로운 생활 생태계라는 측면에서 AI와 1인 가구에 대한 논의가 필요하다. 왜 'AI'와 '1인 가구'를 함께 논의해야 할까? 21세기 중반으로 접어들면서 우리나라 사회는 인구 구조와 기술 구조 모두에서 전례 없는 격변기를 맞고 있다. 특히 1인 가구의 폭발적인 증가와 인공지능(AI)의 급진적인 진화는 서로 다른 영역의 변화처럼 보이지만, 실상은 긴밀하게 연결되어 있다.

우리나라 1인 가구가 전체 가구의 약 35%를 차지하는 것은 단순한 가구 수치의 변화가 아니라 '개인 중심의 사회 전환'을 의미한다는 점에서 중요하다. 반면 생성형 AI(Generative AI)를 포함한 인공지능은 단순 자동화에서 벗어나, 개인의 삶을 직접 돕고 판단하며 정서까지 개입하는 '생활형 기술'로 발전하고 있다. 즉, 미래의 AI는 1인 가구와 가장 먼저, 그리고 가장 깊이 연결되는 기술이 될 것이다. 그런 이유로 AI의 발전 흐름과 그 기술이 1인 가구의 삶을 어떻게 재편해 갈지, 그리고 미래의 1인 가구는 AI와 어떤 관계를 맺으며 살아갈지를 중점적으로 살펴볼 필요가 있다.

여기서 드는 궁금증이 AI는 어디까지 왔고 어디로 가

는 가다. AI는 이미 알고리즘을 넘어 '관계의 기술'로 진화하고 있다. ChatGPT, Gemini, Claude 등의 생성형 AI는 텍스트 작성 능력에만 국한되지 않고, 이미지 생성, 영상 편집, 감정 분석, 상황 예측, 그리고 인간 수준의 대화까지 가능해지고 있다.

주요 발전 방향을 요약하면 다음과 같다. 첫째, 초개인화 맞춤 서비스가 가능하다. AI는 사용자의 과거 행동과 선호 데이터를 분석해 소비, 학습, 인간관계까지 최적화된 조언을 제공한다. 둘째, 감정 인식 및 공감형 응답이다. 단순한 정보 전달을 넘어 감정적 위로, 격려, 대화형 돌봄까지 가능해졌다. 셋째, 실시간 · 다중 모달 대응이다. 음성, 영상, 텍스트를 동시에 인식하고 반응하는 멀티 인터페이스는 AI의 활용성을 급격히 확장시켰다. 이러한 기술 진보는 1인 가구의 고립성, 시간 부족, 정보 불균형 문제를 해결할 '개인 인프라'로서의 AI를 가능케 하고 있다.

미래 1인 가구와 AI와의 연결성

미래 1인 가구의 일상은 AI와 어떻게 연결될지에 대해 궁금할 수밖에 없다. 무엇보다 대화와 감정이 가능한 AI는 1인 가구와 룸메이트가 될 수밖에 없을 것으로 보인다. 미래의 1인 가구는 AI와 대화하는 일상에 자연스럽게 적응할 것이다. 현재도 ChatGPT, Replika, Pi 등의 AI 챗봇은 심리 상담이나 정서적 위안을 제공하고 있으며, 많은 1인 가구가 'AI와의 관계를 감정적으로 받아들이는' 경향을 보인다. 아침에 일어나면 AI가 날씨, 오늘 일정, 뉴스 요약을 알려주고 저녁에는 오늘 하루 있었던 일을 들어주는 '디지털 친구'가 존재한다. AI는 대화를 통해 사용자의 스트레스를 감지하고, 명상이나 산책을 권유하기도 한다. 이는 고립감이 큰 1인 가구에게 단순한 편의 이상의 정서적 안정과 자기 관리의 도구로 작용할 수 있다는 장점이 있다.

다음으로는 식생활과 건강관리의 자동화 관련이다. AI 기반 냉장고는 재료 유통 기한을 분석해 오늘 먹을 식단을 추천하고, 헬스케어 디바이스는 사용자 건강 수치를 AI에게 전달해 운동, 수면, 식습관을 조정한다. 이는 특히 자기 관리 여건이 부족한 1인 가구에게 실질적 건강관리 수단이 될 수 있다. 주거 공간의 AI 역시 중요한 진전이 예상된다. 작은 원룸, 오피스텔이라도 AI가 공간 최적화 설계를 제안하고, 전등 · 에어컨 · 창문이 자동 제어되며, 택배 수령 · 보안 확인까지 하나의 인터페이스로 통합된다. 미래의 1인 가구는 '작지만 스마트한 공간'에서 살아갈 것으로 보인다.

또 다른 궁금증은 AI의 발전에 따른 '노동과 소득의 변화'다. AI는 파트너일까, 경쟁자일까? 어느 관계로 남을까? (1인)프리랜서와 AI의 협업 구조가 가능할 것으로 예상된다. 플랫폼 기반 일자리가 많은 1인 가구는 AI의 수혜를 가장 먼저 받는 계층이기도 하다. 예를 들어, 글쓰기, 콘텐츠 제작, 영상 편집, 번역, 마케팅 기획 등 창작 기반 노동은 AI를 도구로 활용해 작업 속도를 높이고 품질을 일정하게 유지할 수 있다. 더불어 AI는 개인이 혼자 감당하기 어려운 부분을 보완하며, 1인 창업자나 크리에이터에게는 실제 수익 모델로 연결될 수 있다. 현재도 주변에서 확인 가능한 블로그 운영, 전자책 출간, 온라인 강의 제작 등이 대표적인 예라고 할 수 있다.

AI의 발전에 따른 노동 대체와 직업 재편에의 기여 역시 예상되는 변화 가운데 하나다. 물론 일부 직업군은 AI에 의해 벌써부터 대체되기도 한다. 반복 업무나 단순 데이터 처리 직종은 AI가 더 빠르고 정확하게 처리하기 때문이다. 하지만 미래의 1인 가구는 단순한 일자리가 아닌 AI를 활용해 새로운 역량을 발휘하는 방향으로 전환이 가능하다. 예를 들면 AI와 협력해 시나리오 제작을 통한 텍스트 작성이 가능하다. 사진 촬영에서는 AI로 이미지 보정 및 편집이 용이하다. 요리 역시 레시피와 재료 관리 자동화가 용이한 측면이 있다. 이러한 변화는 노동의 질적 전환과 자기 효능감 증진이라는 측면에서 미래의 1인 가구에게 새로운 가능성을 제공할 것으로 보인다.

그렇다면 AI의 발전에 따른 미래 1인 가구와의 윤리, 관계, 정체성은 어떻게 바뀔까? 'AI가 나를 잘 안다'는 착각과 실제와의 경계에 대한 인사이트다. AI는 인간의 말투, 기분, 과거의 선택을 통해 점점 사용자를 더 '잘 아는 존재'가 된다. 하지만 이는 통계적 예측에 기반한 알고리즘일 뿐이다. 이 관계가 진짜 감정인가, 혹은 계산된 반응인가라는 질문은 더욱 중요해질 것으로 보인다. AI가 위로해도 외로움은 사라지지 않을 수 있다는 한계도 존재한다. AI가 친구가 될 수 있는가에 대한 사회적 기준도 모호하다. 특히 1인 가구는 '관계의 진실성'에 대한 감각을 잃을 위험이 있다.

또한 사생활과 정보 주권 문제도 단순하지 않을 전망이다. AI는 모든 대화와 행동을 기반으로 사용자 프로파일을 형성한다. 이 데이터는 기업 서버에 저장되고, 때로는 상업적 목적으로 활용되기도 한다. 1인 가구는 가족이나 사회적 검증 장치 없이 쉽게 정보에 노출될 수 있어, 개인정보 보호와 AI 알고리즘의 투명성 확보가 필수적이다. 따라서 AI의 발전은 1인 가구에게 '새로운 가족의 개념'으로 다가올 수 있다. 장기적으로 AI는 1인 가구의 삶에서 반려동물이나 친구, 심지어 가족과 같은 역할을 대체할 수도 있다. 이미 일본, 미국에서는 물론 우리나라에서도 AI 로봇과 결혼, 동거, 의인화된 관계 맺기 사례가 나타나고 있다. 이는 기존의 가족 개념이 '혈연'에서 '정서적 상호작용' 중심으로 전환되고 있다는 것을 보여 주는 단적인 예가 될 수 있다.

미래의 1인 가구는 AI와 공존할 준비가 되었는가에 대한 질문에 답할 수 있어야 하는 과제에 대해 고민할 필요가 있다. AI의 미래는 기술의 발전으로만 측정할 수 없다. 그것은 결국 누가, 어떤 삶을, 어떤 방식으로 살아가느냐에 따라 완전히 다른 의미를 갖는다. 1인 가구는 이 변화의 최전선에 서 있다. AI는 1인 가구에게 도구가 아닌 '삶의 파트너'로 작동할 가능성이 높고, 미래의 1인 가구는 관계, 주거, 노동, 소비, 감정의 방식까지 AI에 맞춰 재편될 것이다. 이제 중요한 것은 기술의 방향이 아니라, 우리가 이 기술을 어떻게 받아들이고 활용할 것인가의 문제다. 그리고 그 첫 번째 실험은 혼자 살아가는 개인, 즉 미래의 1인 가구에서 시작된다는 것을 인식할 필요가 있다. 1인 가구에게 용이한 AI의 진화가 궁금해지는 이유다.

참고문헌

서정렬(2025.2.26). "생성형 AI(인공지능)과 '1인 가구'와의 관계". 1코노미뉴스. https://www.1conomynews.co.kr/news/articleView.html?idxno=34665

서정렬(2025.7.22). "AI 발전이 미래 '1인 가구'에 미칠 영향". 1코노미뉴스. https://www.1conomynews.co.kr/news/articleView.html?idxno=42269

서정렬

영산대학교 부동산학과 교수다. 가천대학교에서 도시계획학 박사학위를 받았다. 서울연구원과 주택산업연구원, 부동산114 자회사에서 도시계획(설계)과 부동산시장 분석과 관련 연구 프로젝트와 컨설팅을 통해 도시와 주거 및 부동산 분야와 관련된 융합적 연구와 컨설팅을 수행했다. 행정안전부 중앙보행편의증진위원회와 행정중심복합도시건설청 총괄자문위원, 부산시 산업단지계획심의위원회(부위원장), 경상남도 공공건축물 심의위원회 등에 참여하고 있다. 저서로 《도시공공디자인》(2016), 《젠트리피케이션》(2016), 《스마트 디클라인, 창조적 쇠퇴》(2017), 《1인 가구》(2017), 《부동산개발, 디벨로퍼》(2019), 《생성형 AI와 도시·부동산》(2025), 《인구 감소 시대 새로운 도시 재생 전략》(2025), 《부동산 리터러시》(2025)와 이외 "빅데이터 분석을 통한 복합문화공간의 지역 콘텐츠 효과 분석"(2025) 등 주거와 부동산, 도시 분야와 연관된 다수의 학제 간 융합 관련 논문을 발표했다.